基測必勝秘笈

國中生
考場應對
全攻略

總主編
陳 光

前 言

　　相對於大學的學測與指考來說，基測似乎顯得稍微冷淡了很多。畢竟，大學的學測與指考這場戰鬥關係著所有考生的前途與命運，也關係著考生家庭的「榮辱」。而對於基測來說，就算你考得再好，也暫時還上不了台大；就算你考得再差，只要你願意，還是有學校可讀的。這可能就是相對於大學的學測與指考來說，基測顯得比較冷清的主要因素吧！

　　其實，問題遠沒有這麼簡單，基測這場戰役對所有的考生來說，雖然不能一戰定「乾坤」，但如果打好了這場戰役，對於你今後的求學生涯與學業規劃的順利完成將至關重要，從某種意義上來說，基測這場戰役已經間接的影響到你的前途與命運了。

　　三年的國中學習生涯，雖然算不上寒窗苦讀，但畢竟曾經努力過，曾經奮鬥過，曾經付出過，那麼，用什麼來證明你這三年來所取得的成績呢？

　　明星高中之所以成為眾人追求的目標，是因為那裡彙聚了一流的師資力量與眾多的學習精英，與他們在一起，你的鬥志

將更加高昂，但你怎麼進入明星高中呢？

你可能一直對班上那些學業成績比你優秀的同學不服氣，因爲你覺得自己比他聰明多了，但怎樣才能證明你比他聰明呢？

是的，基測看似很平常，但在這平常的背後，卻能夠成就你的很多夢想。

這裡，我們之所以把基測看得很淡，而且盡量保持低調，是因爲我們希望，當你面對基測時，能夠讓自己放鬆下來，以一顆平和的心態來面對基測，並發揮出你的眞正實力。

當然，我們最不希望看到的，就是你誤解我們的意思，完全把基測不當回事，而馬馬虎虎的應付了事。如果眞是這樣的話，到頭來，當你的夢想一個個的破滅時，那可眞是「無可奈何花落去」了，似曾相識的除了你複習功課時散漫的態度和考場上被動應付時的尷尬，還有什麼值得你去追憶的呢？

或許，你覺得自己的實力確實無法跟別人相提並論，還是放棄吧！但我們要說的是，如果你現在就放棄，你就百分之百不會成功；如果你一直堅持下去，希望總是會有的。奇

蹟之所以成為奇蹟，那是因為有希望在，如果沒有了希望，哪來的奇蹟呢？

其實，基測考的不僅僅是你對綜合知識的運用能力，還有一些諸如心理素質、應考策略、競技狀態、答題技巧等這些足以影響考試成績的因素。實力只是你應考的一個基本條件，但不是決定你考場成敗的因素，君不見，每次考試成績公佈後，那種「幾家歡樂幾家愁」的場面，一些考生平時的學業成績不可謂不優秀，甚至是同學們公認的才子（才女），但在關鍵的考場上卻屢戰屢敗，飲恨考場；而有的考生平時的學業成績可以說是表現平平，但卻能夠在關鍵的時刻一鳴驚人、捷足先登。所謂「逐鹿中原，捷足先得」，過去不能代表現在，也不能代表將來，但將來永遠屬於那些永不放棄和永不言敗的人。

基測，是你的人生旅途中碰到的第一個十字路口，何去何從，你的這一步將至關重要，邁過去就不要再回頭，也不要後悔，不留遺憾。因為你還要繼續的走下去，因為你的目標在遠方。

「不要去想身後會不會襲來寒風驟雨，既然目標是地平線，留給世界的只能是背影。」

僅以本書祝所有考生考場順利！

目 錄

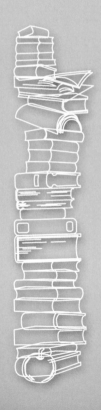

第一章 複習攻略

我們享受的所有幸福，都是勞動、辛勤、自制以及用功的成果。

——薩姆納

I 一定要複習完畢再上考場

1、認清自己，分析敵方

「知己知彼，百戰不殆」——這句成語最早應該是在戰場上出現的吧，戰場上雙方的廝殺是非常殘酷的，可以說是一個「勝者為王，敗者為寇」的「遊戲」。但戰爭的成敗往往不是由實力來決定的，這其中包括戰術的策略、作戰的風格、必勝的信心以及應戰的技巧，而其中以認清自己，摸清敵方為戰爭獲勝的前提。上戰場前，如果指揮戰鬥的將軍對自己的隊伍實力沒有一個正確的認識，對敵方的作戰策略沒有一個正確分析的話，那麼這場戰鬥一定會打得非常的被動，打了敗仗也是理所當然的事了。

基測考場雖然沒有戰場那麼殘酷，但應考的策略卻沒什麼差別，如果你能夠做到認清自己的實力，並摸清命題者的思路，那麼，基測對你來說應該不是一件很難的事情。

什麼叫揚長避短？什麼叫攻其不備？什麼叫克敵致勝？

什麼叫笑傲考場？在這本書裡，我們將一一向你揭曉。

不要因為你的目標能夠順利的實現就洋洋得意，因為太容易實現或不經過努力就能夠實現的目標並不是什麼遠大的目標；也不要因為你的目標一時無法實現而心灰意冷，因為風雨過後終究會有彩虹，儘管那道彩虹可能不夠絢麗，卻給了你希望以及再次面對風雨的勇氣。

基測，是你在學習生涯中面對的第一個十字路口，你的目標是什麼，從某種意義上來說可以決定你在求學的路上能走多遠。

(1) 分析自己的讀書特點

就像人的長相一樣，同學們的讀書特點也是因人而異的。有的同學喜歡一邊吃零食、一邊讀書；有的同學在讀書時就像被點了穴道似的一動也不動，而且一坐就是幾個小時。有的同學喜歡早起讀書，而且感覺效果非常好；有的同學則相反，他們更喜歡在夜深人靜的晚上獨自享受書中的樂

趣（如果是備戰基測，此舉效果不佳，應將生理時鐘調至白天）。

用自己喜歡的學習方式進行複習，可以排除一些干擾因素，讓你始終處於良好的學習狀態，進而大大提高複習的效果。

那麼，你的學習方法是什麼呢？什麼樣的方法才真正的適合於你呢？

這麼一問，你可能一下子也不知道怎麼回答，因為你平時可能根本就沒有注意過這些。老師說早上讀書效果最好，你就覺得早上讀書效果最好；父母說夜深人靜的時候讀書效果最好，你也就覺得晚上讀書效果最好；同學們說一邊嚼口香糖一邊讀書效果最好，你也跟著隨聲附和。當然了，我們並無意批評你這種人云亦云的看法和態度，只是如果你能夠認清自己的特點，並能夠按照你的特點適當地調整自己的生理時鐘，你的讀書效率將會得到進一步的提升。不過，在調整自己的生理時鐘時一定要做到配合基測的考試時間，這一點是你應該注意的。

你可以閉上眼睛，仔細回顧一下平時的讀書情況，找出自己的讀書特點，並按照自己最喜歡的方式進行基測備戰。

（2）分析自己的讀書現狀

　　同學們征戰基測可謂是要「過五關」。「五關」就是國文、數學、英語、自然和社會這五個科目。大家掌握各科的知識和解題能力就是我們最終賴以攻城的五大武器。所以在征戰基測前，有必要先檢驗一下自己對這五大武器掌握到什麼程度、能產生出什麼樣的威力等等，以便對自己的武器進行適當的升級和修補。

　　不管班上有沒有排名，知道自己的程度是很重要的。同學們檢驗每一種武器都可以運用下面兩種方法進行：一是把自己平時的學業成績和全班的同學比，根據自己的排名情況，用「好、較好、中、差、較差」來評價；一是把自己現在的成績和過去的成績比，看它的發展趨勢，通常用「進步大、有進步、照常、有退步、退步大」來評價。然後把你檢驗各科的結果進行比較，進而找出你的強項和弱項。當然，比較的最終結果還是要和自己比的，因為和同學比固然可以看到自己的優勢和劣勢，但其他同學的學業成績對你來說，充其量也只能算是一個參考值。畢竟，強中自有強中手，就算你能跟班上的同學比、跟同年級的同學比，你又怎能跟其他學校的同學比？包括整個地區的同學，你能比得過來嗎？

所以，跟自己比才是最重要的，對於優勢學科和有進步的學科要在複習中繼續保持對這些學科的學習興趣和衝勁，這是必要的；而對於自己的劣勢學科和退步的學科在複習中則要高度注意和特別關照，這也是不可或缺的。

　　我們要教你的就是，讓你在基測備戰中成為強者，或強者中的強者，當然，我們也要傳授給你如何在基測戰役使五大攻城之戰全面告捷的戰略。

（3）讓自己的備戰目標更明確

　　在基測戰場上可謂各路高手狹路相逢，雖然還談不上什麼刀光劍影，戰況的結果也並非如何如何的殘酷。但在征戰基測戰場的過程中，你必須做好最充分的準備，不能有絲毫的大意。既然這是你必須要面對的挑戰，你就沒有理由讓自己退縮；既然這是你要實現自己目標的途徑，就告訴自己要堅定地走下去，不達目的誓不罷休。一旦你有了這樣的氣勢，在應考的過程中，你就會佔據絕對的主動。

　　在基測中勝出，這個看似簡單的字眼，卻需要你腳踏實地的認真備戰，需要你遵循一定的策略，需要你克服各種困難，需要你堅持到最後，才能得以實現。

　　所以，同學們一定要明確這個遠大的目標，並確定自己的努力方向。只有這樣，你才能夠在迷茫中看到希望，在疲倦時看到勝利，在困境時看到鮮花和掌聲，並由此產生巨大的力量，像一個英勇的鬥士一樣勇往直前。相反，如果沒有這個目標或是目標不那麼明確的話，你可能就像漫步在街頭的浪子，不知走向何處，最後只能淹沒在茫茫的人海之中。

　　如果你想證明自己的實力，如果你渴望實現自己的夢想，如果你也希望獲得成功。那就請你正視基測吧！只要征服它，你就是勝利者。

2、處理好基測複習的六項因素

東漢末年的三國紛爭，可以說是中國歷史上值得大書特書的悲壯史。因為當時的歷史環境非常的複雜，但諸葛亮高瞻遠矚地分析了當時的局勢，向劉備獻上了「聯吳抗曹」的妙計，這就很好地解決了劉備、孫權和曹操的關係，最終讓實力並不是很強的劉備當上了皇帝。

基測的複習也一樣，會涉及到很多方面的因素，如果你能將下面六項因素處理好，也同樣能夠在基測考場上當上「皇帝」，與其他優秀的同學爭奪天才。

（1）教學大綱和課本

教學大綱是老師講課和考試命題的根據。課本是教學的根本，也是基測命題的基礎。近幾年來全國的基測命題，都是緊扣大綱和課本的，很少有偏題、怪題，基本上沒有超出課本的範圍。所以「緊扣課本不超綱」是基測命題的原則和規律，這樣基測備戰就必須以「綱」為綱，以「本」為本。在總複習時就不需要從頭到尾看書了，而應依據大綱對課本內容進行精練、活化和深化處理，使我們所學的知識更趨於規律化、網路化。

其實，我們複習的目標就是在更高的層次上掌握課本，透過複習舊知識，能有新的收穫。

（2）課本和參考書

有的參考書是對課本內容的深化理解，有的則是以各種習題形式再現課本的內容。同學們在總複習過程中，選擇一些適合自己的參考書是有必要的。但是又不能使用太多的參考書，盲目的推行「題庫戰術」。因為每年的基測都是從「課本」出發的，試題、答案都與課本有著密切的關係。因此，總複習時，同學們應把主要精力放在知識的系統化上，將每章的知識「點」連串成「線」，每一部分複習完之後，再認真歸納總結，將「線」結成「網」，使知識結構化、網路化，形成完整的知識體系。只有練好解題的基本功，才能具備駕馭知識的能力。

（3）一般性知識和重點知識

基測要考的是同學們對一般性知識和重點知識的把握。一般性知識是培養學生分析能力和靈活運用能力的關鍵。沒有基礎知識，就談不上分析能力和靈活運用的能力。一般性知識在考題中所占的分數是比較大的。而關於重點知識的掌

握，在最近幾年的基測中也表現得越來越明顯了。所以同學們在全面系統複習基礎知識的同時，必須把重點知識作爲複習的主攻目標。當然，複習重點知識也應該按照教學大綱和課本的要求。

（4）智力因素和非智力因素

　　基測不僅是知識、技能等智力因素的綜合競爭，同時也是心理、生理等非智力因素的全面較量。往年一些在基測考場上失敗的同學，不一定是因爲他沒有具備足夠的知識和實力，而往往是由於對一些非智力的因素沒有處理好而造成的。比如考場上的過度緊張，或解題經驗不夠，會使你的思路亂成一團，連解最簡單的基礎題也頻頻出現失誤，考場上的失敗也是理所當然的事了。

　　所以，同學們在總複習中，在重視提高自己智力因素的同時，也要注重提高自己的非智力因素，比如養成良好的解題習慣，以及適應緊張的習慣，並讓自己逐漸地培養自信。

（5）知識和能力

　　在總複習時，同學們應堅持知識和能力並重。因爲基測要考的是同學們對知識的理解和掌握，以及同學們的思維能力、

知識的遷移能力、理論聯繫實際的能力等等。針對這些問題，下面這些考試高手的招術你必須掌握：

1. 重視基礎知識。深化對概念、規律的理解，拓寬知識面，訓練自己的多向思維，進而把知識化為能力。

2. 培養自己的能力。在做練習題時不局限於常規的解題方法，對知識不局限於原有的理解。盡量掌握多種解題的方法和技巧，進而在考試中敏捷地尋找和捕捉正確答案。

（6）聽課和做練習

總複習時，同學們必須堅持把聽課和做練習密切地結合起來。聽課時，對於老師講的基礎知識，解題的思路、方法和技巧要非常注意；做練習不僅僅是完成任務，而是要達到鞏固知識的目的，而且只有透過必要的練習，才能牢固掌握課本知識，達到靈活應用和提高應試能力的目的。所以，總複習過程中同學們只有做到將聽課、做練習密切結合起來，才能有效地提高複習效果。

3、制定詳細的基測複習計畫

制定基測複習計畫是確保考試成功的重要組成部分，考試高手都知道考前的每一天對於考試的成敗是很關鍵的，而要使每一天都成為自己基測備戰中的關鍵環節，就必須有計畫、針對性地進行複習。

（1）基測複習的錯誤觀念

盲目跟著學校進度複習，是基測備戰的一大錯誤觀念。因為每個人對書中各個章節的熟悉度不同。有的同學認為，學校有教育計畫，老師有複習計畫，跟著老師走，按照學校的要求進行就OK了，何必自己再定計畫呢？我們姑且認為這種想法是正確的，但有幾個同學能夠真正按照老師和學校的計畫進行複習的呢？每章節需要付出的時間都一樣嗎？有的同學剛開始還可以按照老師和學校制定的計畫進行複習，可是過不了幾天就覺得這些計畫並不是針對自己而設計的，於是就拋開這些計畫按照自己的想法做，可是這樣一來，他又不知道自己該做什麼了。有時候複習國文進行一半，突然想起還有一道數學題沒有解開，於是趕緊扔下國文課本開始翻開數學題，好不容易將這道數學題解到一半，突然又想起還有幾個英語單詞還沒有記住，又趕緊拋開數學題而打開英語課本。這樣一來，這些同學

整天是夠忙的了，但最後還是什麼也沒記住，不得已只好將這些罪過全都歸結於自己的腦子太笨了。

「腦子太笨」、「不是讀書的料」，是一些同學經常掛在嘴邊的話。其實，所謂的愚笨和聰明都不是絕對的，這些說自己「腦子太笨」的同學應該恰恰是因為自己「太聰明」的原因吧！本以為拋開那些計畫按照自己的做法來複習會更輕鬆一些，誰知道整天忙忙碌碌，到頭來卻落了個「不是讀書的料」的下場。

這種「腳踩著西瓜皮，滑到哪裡算到哪裡」的複習方法，恰恰是很多同學變「笨」的主要原因。高爾基曾經有一句傳世名言：「不知明天該做什麼的人是不幸的。」在基測備戰當中，只有制定詳細的複習計畫，並按照計畫去執行，你才能一步步地走向成功，並可以減少走很多不必要的冤枉路。

（2）制定複習計畫的重要性

一個適合自己的複習計畫對於基測的成功將產生關鍵性的作用。一些同學之所以沒能將計畫進行到底，可能是缺少毅力的因素，但更為重要的則可能是因為所制定的計畫不適

合自己。其實，一個適合自己的複習計畫，它的好處是不勝枚舉的：

1.複習計畫就是規定在什麼時候採取什麼樣的方法和步驟，以達到什麼樣的複習目標。比如你的一個大目標是由幾個小目標來完成的。只要你將小目標一一的實現，那麼，大目標自然也就水到渠成了。

2.在全面瞭解自己讀書狀況的基礎上制定的複習計畫有很強的針對性，可以有效地補習弱勢科目，而使原有的強勢科目更強。

3.除了在學校上課外，由自己安排的時間基本上可分為四段：早上起床到上學，上午放學到下午上學，下午放學到吃晚飯前，吃晚飯後到睡覺前。如果同學們能將這些時間有效的安排，那麼複習的效果絕對是驚人的，至於怎麼安排那就要看你所制定的複習計畫了。一旦你的計畫制定得好，而且適合你自己，就能使自己更充分地利用好每一天的複習時間。

4.有計畫地複習體現了一種計畫觀念和計畫能力，可以使自己成為能夠有條理地安排學習、生活、工作的人。這種計畫觀念和計畫能力，同學們是必須具備和擁有的，這對於你的一生都將有莫大的好處。

（3）制定複習計畫中的五大注意

科學並且適合自己的複習計畫才能更好地為基測備戰，所以同學們在制定複習計畫時要注意以下幾點：

1.學習計畫中要預留出一部分機動時間，千萬不要把計畫安排得太滿。這樣，當你碰到一些客觀的因素而導致無法按時完成計畫中的任務時，你就可以將預留出的那部分機動時間用來補充上去，如果你按時完成複習計畫，則可以獎勵一下自己，比如利用這段機動時間好好的休閒一下，或用來做自己喜歡做的事情。

2.制定的學習計畫要切合實際，要把每一個目標都定在自己努力就能順利達到的程度上。這樣你就可以很好的完成計畫，並增強自信心，不斷的激勵自己。

3.學習計畫要隨時調整。剛開始制定計畫的時候可能並不十分瞭解以後的複習情況，所以制定的計畫可能很難實行，這時你就要毫不猶豫地更改計畫。如果不做調整，不但計畫的目標達不到，而且還容易挫傷你的銳氣。

4.制定的計畫要突出重點。也就是說，一定要區分出自己的強項和弱項，並在制定計畫的時候要特別兼顧到自己的

弱項，以保證使自己的各科成績達到平衡，盡量不要只挑選自己喜歡的複習。

5.制定基測複習計畫，不但要有讀書的計畫安排，還要有適當運動、休息的安排，因為一個健康的身體對於基測獲勝也是非常關鍵的。

老師的話：

制定好的計畫，一定要執行，只有執行才是實現目標的關鍵。為了使計畫落實，同學們要對自己的執行情況做到定期的檢查。可以制定一個計畫檢查表，把什麼時間完成什麼任務、達到什麼進度，列成表格，完成一項，就打上記號。並根據檢查結果及時調整、修改計畫，使計畫真正達到為你的基測備戰做準備。

4、創造一個良好的讀書環境

（1）選擇適合自己的讀書環境

大家都知道，沒有人喜歡在機器轟轟作響的環境下讀書，旁邊有人說話也會影響自己的讀書效率。當你聚精會神的讀書時，任何的響聲都會打亂你的思維。可見，一個良好的讀書環境對於正在備戰基測且惜時如金的你是非常重要的。

一個良好的讀書環境可以讓你很快地進入到讀書狀態，而且好的讀書環境缺少干擾你讀書的因素，大大提高你的複習效率。

讀書地點的選擇要根據自己的情況，沒有必要總和別人一樣，關鍵是要選擇自己效率最高的地方讀書。比如當你非常喜歡在學校讀書，效率也較高時，每天就可以推遲回家的時間或者留在學校上晚自習。如果你不太喜歡在太安靜的環境下讀書，那麼就可以回家放些舒緩的音樂，但要注意控制音量的大小，不能對自己的複習造成干擾，更不能因為欣賞音樂而耽誤了讀書。

（2）如何打造自己的讀書天地

27

學校是很好的讀書地點，但是基測備戰時期，在家的時間也是你必須好好利用的。這個時候，家長們都會想千方百計為你創造良好的讀書環境，而你也應該發揮自己的聰明才智把自己的書房打造成一個讀書的樂園。

　　1.書房用品的選擇。顏色大體上可以分為三類：單色的黑白、可以鼓動心情的紅色系列和可以使心情平靜的藍色系列。不同的顏色給人不同的感覺，性格活潑的同學，可以選擇藍色系列的用品，性格內向的同學最好選擇紅色系列的用品。在這樣的書房中讀書可以使你獲得最佳的讀書狀態，進而提高複習的效率。

　　2.書房的佈置應盡量簡單些，盡量不要讓各種娛樂設施（比如電視、MP3）進入自己的書房。也不要把書桌放在窗子前，減少一切可能干擾自己複習的因素。

　　3.讀書資料要放得有條有理，不要讓找書浪費你太多的讀書時間。

　　4.和父母協商制定一份「書房出入管理規定」，盡量為自己創造一個安靜的讀書環境。

　　一旦你做到了上述幾點，每當你走進自己所佈置的讀書樂

園後，你就會自然而然地全心放到讀書上。

老師的話：

基測是你人生當中面對的第一個大考驗，在複習備戰期間
應盡量排除各種干擾，包括平常的一些不良習慣也應該在
這段時間裡盡量改掉。很多你喜歡玩的遊戲，也應該等到
基測過後再玩，到時候一定會讓你玩個夠，而且也會玩得
更加開心。但如果因為貪玩而耽誤了基測的複習，一旦考
試成績不怎麼理想，到那時，再好玩的東西你也不覺得好
玩了。

5、全面備戰，緊扣課本

（1）基測試卷給我們的啟示

　　根據有關調查顯示，一份有效的試卷其難易度應該遵循
7/2/1的規律。也就是說，在基測試卷中，70％是基礎題，
20％是中度難題，只有10％是難題。我們之所以將這個規律
告訴同學們，是因為我們希望同學們好好地利用這個規律來
指導自己進行基測複習。

　　在基測試卷中，差不多有70％的題目都是基礎題，如果

你能把這些題目的分數都收入自己囊中的話，那麼你離基測成功的目標就非常近了。而這些基礎題考的知識多是來自課本的，所以備戰基測應該把課本作為複習的重點。對大多數同學來說，可以大膽地把70%的時間和精力投入到課本的複習中。

（2）備戰階段如何複習課本

在基測備戰時期，有些同學認為自己已經對課本上的知識「滾瓜爛熟」了，沒有必要再花時間看課本。或許有同學能達到這種境界，那麼他一定是資優生，這樣的學生是可以把更多的精力放在攻克難題上的。但絕大多數的同學還是需要靜下心來，好好關照一下自己的課本。

複習階段看課本不同於平時，這時不能只滿足於會背誦知識點、會證明書上的題目就足夠了，而是要進一步仔細分析和研究課本，挖掘出知識間內在的本質的關聯，進而將分散的知識點系統串聯，整理歸納出一個完整的知識體系。

在複習基本知識的同時，要仔細研究課本中的例題和演算習題（當然也包括老師提供的典型例題），這些都是具體地應用所學知識解決問題的方法的典型例子，又充分體現了對知識和能力的基本要求，有利於我們與基測「接軌」。

　　在複習時對於課本中的重點知識、重點解題方法一定要加以理解並且掌握紮實的基本功。有些知識點老師在平時和複習中反覆強調過，而且在基測試卷中出現的可能性也非常大，那麼這些知識點就是同學們複習的重點。

　　在複習課本時如果發現了以前沒有掌握的知識點，同學們一定要給予相當的重視，透過向老師、同學請教，把它徹底弄懂，千萬不要心存僥倖，因為這種僥倖將是你在考前感到不安的根本原因。

　　此外，在複習課本時，看目錄也是相當重要的。同學們可以看著目錄回憶相關的知識點。比如哪些知識你已經掌握了，哪些還沒有掌握，這時就可以一目了然了，然後再根據自己的弱點對症下藥，這些基礎題對你來說就不難掌握了。

（3）急於攻克難題而拋開課本是基測複習的一大錯誤觀念

　　在複習迎考的階段，不少同學的複習重點常會放在那20％的拓展題甚至是10％的加深題那部分內容上，這樣做其實是不夠聰明的做法。比如有的同學把精力放在歷年基測試題中錯誤率最高的題目上，結果很可能讓自己陷入屢做屢錯、屢錯屢做的泥沼。不僅自己的自信心將受到嚴重打擊，

而且會影響到以後的複習。

其實這類錯誤率最高的題目大多屬於基測試題中占10%的難題，如果滿分是一百分的話，它只占十分。所以，如果同學們把自己的注意力集中在這部分的內容上，擺明了是長考試威風，滅自己的志氣。

最後我們建議大多數同學，在基測複習時一定要爭取拿下試題中70%的內容，然後再挑戰一下20%的那部分，而10%的那部分，就當作是訓練腦筋吧！

6、如何複習課堂筆記

（1）複習課堂筆記的重要性

基測考查的是你對課本中知識的理解和掌握的情況。而老師平時在課堂上重點分析講授的就是課本上的重點和難點。尤其是在基測前這一段時間的每一節課，這時老師說的每一句話都可以說是「金玉良言」，因為老師對知識點和題目的講解都是針對基測考試的範圍以及大家容易出現的錯誤來進行的。所以認真複習筆記應該作為基測備戰的一項重要內容。如果你平時沒有認真系統地記筆記，那麼，就請你從今天開始每天堅持

記筆記吧！你應該知道「亡羊補牢，爲時未晚」這個道理的。當然了，記筆記並不是目的，它只是你備戰基測的一種武器，只要你掌握了這種武器，你的複習效果就會事半功倍。

（2）如何做好課堂筆記

課堂筆記的重要性相信大家都已經知道了，但如何才能做好課堂筆記呢？可能還有很多的同學還在繼續摸索當中，爲了讓大家少走點冤枉路，下面的這些方法同學們不妨參考一下：

首先，課堂上要善於抓住重點。努力做到集中注意力，把老師對每一題目的講解都當堂理解。並標注出老師所強調的重點部分——比如老師常常會說「這是很重要的」或者「這是個常見的錯誤」，針對這些，同學們最好用不同顏色的筆或不同的標記來標注一下。另外，還要注意一下老師的這些列舉性質的話：「下面是這一過程中的四個步驟」，以及「最後」、「因此」和「還有」等等。因爲老師的這些言語可能是告訴你後面要講的內容十分重要。

第二，課後要注意整理筆記，使筆記的字跡清楚、內容

全面。一份整潔的筆記不僅可以節省今後的複習時間，還會給自己增加信心。但是，由於課堂上需要你一邊聽課一邊記筆記，這就要求同學們既不能只顧著聽課而忽略了記筆記，也不能只知道記筆記而忽略了聽課，所以同學們就必須快速的把該記的內容記下來，由於記筆記的速度比較快，難免會出現一些錯誤和遺漏，或者將字跡寫得比較潦草，為今後的複習帶來了一定的困難。這就需要同學們在課後對筆記進行整理了，只有經過整理的筆記才是一分完善的筆記。至於整理筆記的方法，當然是很簡單的，不外乎是將錯誤的及時改正，將遺漏的及時補上，並對所記的內容進行分門別類、條分縷析。整理筆記的工作雖然是比較簡單的工作，但卻是非常重要的工作，如果同學們對自己的課堂筆記不及時的進行整理，當然就無法發現筆記中的一些錯誤和遺漏的地方。對接下來的複習將是非常不利的。

老師的話：

1.一定要把自己辛苦記的課堂筆記保存好。

2.不要把自己平時記的筆記束之高閣，因為那是非常重要的複習資料。

7、整理好平時的試卷

（1）把所有的試卷裝訂成冊

進入國中後，同學們所面臨的可以說是三天一小考，五天一大考的考試。姑且不說你在這些大大小小的考試當中表現得如何，光是這些試卷就應該是重要的複習資料。所以同學們最好把這些試卷裝訂進來，以便於複習。至於怎樣裝訂，下面的這些步驟是你應該掌握的：

第一步，在每個月底，將本月考試的試卷分科目按照考試時間的先後一張一張地整理好，如發現有遺漏的應及時向老師和同學求助，保證把所有的試卷都整理好。

第二步，將所裝訂的試卷做好封面，同學們可以去商店買回一些現成的文件夾，當然，也可以自己動手做個精美而富有個性的封面。

第三步，將一個學期的試卷再裝訂在一起，在每頁上標明頁碼。再做一個目錄，貼在試卷冊的首頁。目錄的內容可以根據你自己的喜好編排，但至少應包括三個項目：試卷的名稱、考試日期和分數。

（2）透過做標記的方式來加工試卷

　　試卷是基測複習的重要資料，但裝訂試卷只是複習工作的第一步，下一步就是要對這些試卷進行加工。加工的目的就是對題目進行分類，以便將來複習。同學們可以將題目分為以下幾類，針對不同的題目類型，採用不同的複習策略：

　　1.非常簡單，自己也沒有做錯的題目。

　　2.自己做對了，但設計得非常巧妙的題目。

　　對以上這兩類題目可以稍微少放些精力，但對於跟重點知識點相關的考題，在複習時還是應該高度重視的。

　　3.自己基本知道解題思路，但因題目的某個小陷阱而答錯的題目。搞清楚自己在什麼地方出錯，並知道為什麼答錯，在下次做同類的題目時就不再犯同樣的錯誤了。

　　4.考試時自己一籌莫展，沒有任何思路的題目。——仔細思考並掌握住其解題思路和技巧，把問題想透。

　　此外，同學們還可以在每張試卷的最後寫上一段「總結」，總結這次考試的經驗和教訓。及時發現自己在考試中所暴露出的某些方面的欠缺，並將自己所欠缺的部分及時補上。

（3）透過試卷把課本「試卷化」

課本中的知識點是基測命題的依據，而僅有的幾個例題在第一遍學習時已學得「滾瓜爛熟」了，所以有的同學就覺得反覆地複習課本是一件很煩的事情，那怎麼辦呢？不要著急，下面我們所介紹的這個招術一定會讓你重新產生對課本複習的興趣，那就是把課本「試卷化」，即把課本和試卷一起複習。

課本「試卷化」的步驟如下：

第一步，將課本和整理好的試卷都放在書桌上，開始複習。

第二步，看一段課本，接著複習有關的考題。

第三步，將考題、課本中的知識點以及考題是如何考知識點的方法結合起來，並記在一個本子上。這個本子就是課本「試卷化」的成果。

有了這個小本子，基測複習就會變得非常的輕鬆、有效。因為試題可以讓你回憶起課本中的相關知識，當你回想不起來時，再去翻閱課本，也就不覺得煩了。

8、「題庫戰術」的優劣

(1) 客觀看待練習題

　　為了備戰基測，一定免不了要做很多的練習題。因為做練習題可以檢測同學們的複習效果，可以告訴同學們在哪些方面還需要再加把勁，哪些方面是已經掌握住的知識，也可以讓同學們更快的適應基測的氛圍。所以做練習題是有好處的，但是要做多少題呢？有的老師和同學對做練習題這一招的威力信賴有加，希望透過做大量的習題訓練來提高自己應對基測的本領。但題目做多了，就成了我們常說的「題庫戰術」。

　　「題庫戰術」從某種程度上來說也是基測訓練的一種方法，但這種方法容易讓同學們陷入錯誤觀念而不能自拔。

　　1.做太多的題目會讓你被題目所包圍，這樣就分不清哪些方面是自己應該著力加強的，哪方面是自己已經掌握了的。所以，你雖然做了很多題目，但對於提高自己的整體實力卻沒有太多的幫助。

　　2.實施「題庫戰術」會把同學們折騰得非常疲憊。比如，一些學生為了提高學科的成績，大量訂購複習資料與練習，幾乎把所有的時間都用在做練習、背資料上，結果只能拼盡自己

的腦力和體力。

3.當同學們做了很多題目而學業成績沒有太大提高時，可能就會失去讀書的興趣和對基測的信心。

4.一些同學喜歡做太多的難題、怪題，如果你的學業成績絕對頂尖，而且有絕對的把握拿下那些基礎題和中檔題，那是無可厚非的，也是應該的。但如果你還沒有達到那種程度，就沒有必要這樣做了，因爲那樣做只會增加自己的複習負擔，很容易讓自己一看到題目就變得非常的緊張。

爲了避免這種情況，同學們應該聽從老師的指導，及時理清書本知識體系，突出重點和難點，精心選題，做到精選精練，提高複習效果，減輕複習負擔。

（2）在「題庫」裡快樂地遨遊

做練習題是基測備戰的重要一環，缺少了這一環，你不可能在考場上發揮出應有的水準。實際上，做練習題就像是運動比賽前的熱身一樣，運動員做好熱身，才能把身體的筋骨活動開，但又不能過度，因爲一旦過度，體力就會在正式的比賽前耗費掉了，這是每個教練和運動員都必須掌握的應戰技巧。同學們備戰基測也一樣，既要做練習題，又不能沉

到 「題庫」裡面去,而是應該讓自己在「題庫」裡快樂地遨遊。那麼,怎樣才能做到這一步呢?只要你掌握了下面的這些招術,並加以運用,相信你一定會在「題庫」中如魚得水。

1.理解並記住課本裡的概念

概念是萬題之本,也是最基本的東西,一定要理解得很深入,並練習相對的習題,只有這樣,同學們才能對這些概念加以鞏固,並將這些概念熟練的運用到做練習題當中。

2.多總結題型

做練習題如果沒有總結,不是說不能進步,只是會事倍功半。在基測備戰中,有很多的科目需要複習,我們不可能把太多的時間花費在某一科目上,這時,同學們應該學會有選擇地做練習題,更重要的是要懂得總結經驗,比如,這題跟那題是不是有某些相似之處?這個題目你能做對,是已經理解了該題所運用的概念,還是只背誦瞭解題目的步驟?這樣,不斷的問問自己,不斷的進行總結,你才能夠觸類旁通,以一當十。

3.找出自己的弱點並對其進行攻克

一桶水能裝多少水,取決於水桶最低的那塊木片,而不是最高的那塊木片。同樣的道理,基測失敗的原因往往是你最致

命的弱點引起的，而你的弱點只有自己最清楚，該怎樣進行克服也只有你自己最明白，關鍵是要做到正視自己的弱點，並對症下藥。如果你只憑個人的好惡，使自己的基測備戰處於放任自流的狀態，這種複習的方法看起來是非常的瀟灑和輕鬆，但到了考場上，你還能瀟灑多久呢？

4.仔細分析做過的題目

就算你的成績再好，也不可能把所有的題目都做對；就算你的成績再差，也不可能把所有的題目都做錯了。這時，分析自己做題目時正確與錯誤的原因就至關重要了，做對了不要得意洋洋，把什麼都不放在眼裡，因為下回再碰到這樣的題目時，你可能就會因為粗心而做錯；做錯了也沒有必要唉聲嘆氣，自暴自棄，只要認真總結，下回再碰到這樣的題目時你就會十拿九穩了。所以，從某種意義上來說，做對了題目未必是好事，做錯了題目也未必是壞事。

5.要以測驗、考試時的要求和競技狀態來做練習題

做練習題時最忌諱的就是放任自流、漫無邊際的順著自己的意志來，因為這種沒有針對性的練習雖然也會有一些效果，也會使自己有一點點的進步，但這種效果和進步是微不

足道的，而且會讓你容易產生這樣的誤解，認為自己做的練習題目越多，進步就越大。但你應該知道，基測就這麼一點題目，只要你切中了對方的要害，並在規定的時間內完成就可以了。所以，同學們在做練習題的時候，一定要自覺參照基測中的題量與相應考試時間的比例自行規定做練習題的時間，並獨立完成這些練習題。當然，做題目的時候，最好還是先把課本合起來，而且不要隨便翻閱。

老師的話：

面對浩如煙海的題目，希望大家要堅持一個原則：勿過多，但求廣，善歸納，積經驗。相信同學們一定能夠在與「題庫」較量中找到突破的切入點，並由此練就一番絕技，從容應對基測。

9、選擇參考書的技巧

在基測的準備階段，參考書是不可或缺的。因為參考書主要是立足於每年基測試卷進行研究，教同學們應付基測試題的方法和技巧。如果選用得當，參考書籍可以發揮在短時間內提高成績的作用。

（1）參考書的類型

　　現在出版的參考書主要有以下幾種類型，在選擇參考書的時候，同學們一定要選擇適合自己實際水準的參考書籍。

　　第一種類型：主要是題目。這種類型的參考書很少對題目進行講解，甚至只有參考答案。這類參考書是習題的彙編，比較適合水準比較高的學生選用。

　　第二種類型：題目和講解幾乎各占一半。這類書對知識點的講解較為精到，而且會涉及到「解題思路」、「思路點撥」等這樣的說明，所以中等程度的學生較適合選用這種參考書。

　　第三種類型：全書多是知識點的講解和歸納總結。題目只占30%~40%。這類參考書比較適合基礎不是很好的同學選用。

（2）不同階段選擇不同類型的參考書

　　在基測複習的第一階段，應該選擇考點講解類參考書，以建構和鞏固自己的知識體系。在基測複習的第二階段，應該選擇專題訓練性質的參考書，以找出在第一階段複習後，自己知識體系中仍然存在的漏洞，並加以彌補。對於複習到

重點和難點的章節時，也應該再選一到兩套的輔導資料，作為課本的補充資料。在基測複習的第三個階段，同學們應該選擇一些類比試題，以達到熟悉基測題型，進入臨考狀態的效果。

（3）選擇參考書的六大秘訣

目前的教輔類叢書可以說是種類繁多，令人眼花撩亂，而且品質良莠不齊，所以同學們的選擇難度也就可想而知了。那麼如何選擇適合自己且比較具有權威性的參考書呢？

1.掌握參考書的相關資訊。同學們可以經常到書店多翻翻現在的各種參考書，多進行比較，就會發現不同參考書的特點和通路。這樣，將有助於同學們做出正確的購買選擇。

2.適合自己的才是最好的。在購買參考書時，千萬不要一味的求精求全，一定要根據自己的實際水準，認清自己的不足之處，有針對性的購買適合自己的參考書。否則，花了冤枉錢事小，如果因為不適合而浪費時間，那可真是得不償失了。

3.辨認參考書的品牌。一般情況下，較為直觀且風險最低的方法是選擇那些比較正規的出版社出版的參考書。

4.選擇參考書時的取捨。最好不要選擇那些由一個名師任主編、下設許多編委的參考書，因為「名師」雖然是主編，但

他並不一定善於寫書，所以這類書的品質往往名不副實。

　　5.參考書出版的時間。既然用參考書的目的是爲了備戰基測，所以在選擇參考書的時候，應該注意一下，是不是去年基測之後出版的參考書，因爲這關係到它是否能結合去年基測的特點，體現今年基測的趨勢。

　　6.參考書在書店中擺放的位置。在書店買書時，要挑選那些擺在最明顯位置的參考書。

老師的話：

捨本逐末是基測複習的大忌。在基測複習中，參考書畢竟是輔助性的，課本才是最基本的內容，掌握好課本，可以拿到80％的分數，而選用參考書主要是為了在原有分數的基礎上提高成績。如果沒有課本內容作為基礎，看參考書也發揮不了太大作用。所以基測複習還是應該以課本為主。

10、高效率的基測備戰方法

（1）讓時間增值的方法

　　時間對我們每一個人來說都是平等的，一天24個小時，不會多也不會少。但有的同學覺得時間過得太慢，而有的同學卻覺得時間根本不夠用。對於覺得時間過得比較慢的同學來說，一般情況下會有兩種情況，一種是不懂得珍惜時間，另一種是認為自己已經準備好了，就等著上考場了，可以說，這都是比較極端的態度，不懂得珍惜時間的人自然成不了大器，這一點自不必說，而認為自己已經準備好，就等著在考場上好好表現的同學顯然對自己的估計過高，沒有做到真正的認清自己。

　　對於覺得時間不夠用的同學來說，下面的這些招術是你應該掌握的。

　　1.要懂得拒絕別人不合理的請求。什麼是不合理的請求呢？比如，有的同學偷懶，所以請你幫他寫作業，這種情況應該是毫不猶豫的給予拒絕的。還有一些同學請求你幫他抄筆記、上網查資料等等，這種也是不合理的請求。只是在拒絕別人的時候一定要注意技巧性，以免因此而傷害了同學之間的和氣。

當然，有一些同學的請求還是應該幫助的，比如同學碰到了難題，請求你幫他分析解答的方法，這種情況下是一定要幫助的，因為同學間的這種互相幫助的精神是我們一直提倡的。

2.要善於利用那些瑣碎的時間。瑣碎的時間有很多，比如在早晨上學等車的時候，中午準備吃午餐的時候，下午放學回家等車的時候。如果合理的應用這些時間，將會大大的提高你的複習效率，而且這是很多大師們都用過的讀書方法。當然，在利用這些瑣碎時間的時候，千萬不要弄得緊張兮兮的樣子。

（2）如何提高自己的複習效率

擠時間是為了讓同學們的複習更有成效，但光會擠出時間顯然還是不夠的，關鍵要看你怎樣運用這些擠出來的時間。如果你能夠將正常的讀書時間和擠出來的時間進行合理的安排，那麼，你的讀書效率將是驚人的。

1.掌握最佳的讀書時間。生理學家告訴我們，一個人通常在早上的後半段和傍晚的中段精神最為充沛，下午的時候會感到精神不佳，而下午兩三點是我們的大腦最不想工作的

時間。下午六至八點鐘後精神逐漸減退。所以，在用腦效率最高的時間，同學們要抓緊完成那些難度最高的複習任務。

2.注重勞逸結合。中午應該堅持午休，晚上不要熬夜，按時睡覺。因為充足的睡眠、飽滿的精神是提高讀書效率的基本要求。

3.讀書時要全神貫注。一天到晚伏案苦讀，並不是好習慣。讀書時，一定要全心地投入，手腦並用。而讀書一段時間後就應該休息、補充能量。

4.要堅持運動。身體是「基測備戰」的本錢，所以，再要緊的讀書任務，也不可忽視放鬆鍛煉。為了讀書而忽視運動，身體將會越來越弱，讀起書來就會越來越感到力不從心。

5.複習時要積極主動。在複習時遇到不懂的問題要主動向老師和其他同學請教，只有這樣才能取得進步，才能感受到讀書所帶來的樂趣。有了興趣，複習的效率就會在不知不覺中得到提高。

6.始終保持快樂的心情，和別人和睦相處。每天有好心情，就能把自己所有的精力都投入到基測複習中，這樣複習的效率自然就會提高。

7.開始讀書時，把需要用到的資料都有規律地放在一起。這樣做的目的就是在需要用的時候就能在很短的時間內找到，避免在忙忙碌碌中讓時間白白的浪費掉。

8.給每一項複習任務定好完成時間。同學們可以把每天的複習任務分成幾個部分，給每一部分都限定一定的時間，這樣不僅有助於提高效率，也不會產生因長時間複習帶來的疲勞感。同學們還可以逐步縮短所用的時間，不久你就會驚喜地發現，以前一個小時無法都完成的複習任務，現在只需四十分鐘就完成了。

9.在讀書的時候不要做或者想別的事情。有許多同學喜歡邊聽音樂邊讀書，這並不是一個好習慣。你可以專心的讀書一小時後全身放鬆地聽15分鐘音樂，這樣比戴著耳機做功課的效果要好多了。當然，如果已經養成了這種邊聽音樂邊讀書的習慣，也沒有必要非要在基測備戰期間強迫自己改掉，但音樂的內容最好不是那種搖滾音樂，而且最好沒有歌詞。

10.不要長時間複習同一門功課。長時間複習一門功課跟長時間吃一道菜一樣，即使是最好吃的菜也有吃膩的時候。所以，同學們一定要調整好複習每門功課所需的時間，切忌

「偏食」。

11、認真對待基測前的每次考試

（1）把考試都看作對自己的檢測

到了國中，學校為了配合基測複習，一定會舉辦大大小小的考試。有很多同學這次考得還不錯，而下一次卻考得不是很理想。其實，這是極為正常的現象，就像曼聯隊上回贏了利物浦隊，而這一回卻又被利物浦隊踢了個人仰馬翻一樣。況且，因為每次考試的範圍和內容一定不一樣，而同學們為每次考試所做的準備也是不一樣的。那麼，面對頻繁的考試和自己成績的波動，同學們應該怎樣做呢？

首先，一定要樹立一個正確的「分數觀」，沒有必要因為一兩次沒有考好而患得患失。而應該將重點放在那些階段性的大型測試上，這樣的測試通常是可以反映出同學們的複習水準的。

其次，把考試看作一次「複習的檢測」和「診斷性的測試」。考試就像一面鏡子，同學們可以從考試裡看到自己的真實水準，也可以找到自己在讀書和複習上的優勢和不足。所以

如果你的成績不錯，要總結勝利的經驗，去爭取下一個更大的勝利；如果你的成績不怎麼理想，也沒有必要過於沮喪，而是應該好好分析一下試卷，看清自己的問題到底在哪裡並及時彌補知識漏洞，消滅每一個疑點。而且，現在發現了問題是值得高興的事情，因為發現了問題才能改正，改正的問題越多，你在基測考場上的機會也就會越多。

（2）正確看待考試的「失敗」

沒有哪一位同學面對自己在考場上的失敗還會興高采烈，因為考場上的失敗意味著自己在某方面的欠缺。但我們也沒有必要為一城一池的遺失而心灰意冷，因為真正的考試高手是要為整個大局著想的。

棋盤上「棄車保帥」的舉動讓我們不得不欽佩棋手的氣魄與膽識，而我們面對一兩次的考試失敗當然就更算不了什麼了。當然，我們所說的「算不了什麼」並不是要你把考試不當一回事，而是要以客觀的態度去看待考試的得失。

當你拿到自己考得並不好的試卷時，我們知道你的心情一定不怎麼好受，至少高興不起來，這個時候你最好先努力讓自己別去想失敗的後果，而是把注意力都放在自己沒有考

好的原因之上，從這次失敗中你能得到什麼樣的教訓，以後應該怎樣調整自己的複習方法等等。

當然了，如果失敗的原因是你沒有將考試當回事，那就另當別論了，因為既然你沒有把考試當回事，那麼考試也就有理由不把你當回事了。

其實，每個人都會經歷過很多次的失敗，關鍵是我們如何看待失敗，態度決定一切，不同的態度，將會產生完全不同的結果。滑鐵盧戰役是歷史上很有名的一場戰爭，它的意義不僅僅在於它所產生的歷史作用，更重要的是這場戰役的主角威靈頓將軍給了我們很多的啟迪。他失敗後沒有就此放棄，而是從偶然的瞥見蜘蛛與大風對峙，不厭其煩地重新織網的場景中獲得了信心與勇氣，重新振作起來，終於報了一箭之仇。

老師的話：

「不經歷風雨，怎麼見彩虹，沒有人能隨隨便便成功。」在你的情緒最為低落的時候，千萬不要忘了這句話，因為它會給你一種力量、一種希望，以及一種創造未來的勇氣。天上的星星之所以常常被比喻成我們的眼睛，那是因為在最黑暗的夜晚，是它們點綴了夜空，進而給我們帶來了希望。

12、如何增強自己的抗干擾力

（1）產生敏感的原因

　　複習的最高境界就是心裡只有複習，做一切事情都是為了更好地複習。但是在基測備戰的關鍵時期，緊張、焦慮常常困擾著大多數的同學，應該知道，這是極為正常的一種現象。但是，如果這種心理狀態使你對自己周圍的一切動靜都非常敏感的話，那就是焦慮過度了。

　　比如總覺得教室的燈光太強，同班的同學有體味，一旦有一點響聲，自己就覺得自習的環境很吵……如此等等。顯然，這種狀態不可能讓你安心的複習，複習的效率自然也就無法提高了。所以，增強自己的抗干擾能力，有效克服外界形形色色的干擾是非常重要的。

（2）抗干擾的小技巧

　　人的說話聲、走動聲帶來的干擾是影響讀書的最大因素。同學們要達到有效的抵抗這些干擾的能力，既要靠平時培養起來的意志力，還要掌握一些心理暗示的方法和溝通技巧。

在噪音大干擾多的環境裡讀書時，同學們可以反覆在心裡說：「讓他們吵吧！我照樣能專心讀書……」直到自己對此堅信不移。也可以攜帶隨身聽聽一些抒情的樂曲來掩蓋周圍的雜訊。有旋律的、優美的、動聽的音樂也能促使人投入較高效率的讀書中。如果是旁邊同學說話的聲音太大而影響到你讀書，你可以微笑的提醒對方，請他們說話的聲音小一點，通常一般的情況下，如果是一些有修養的同學一定會欣然接受你的建議的，如果對方依舊我行我素，也沒有必要跟他們吵起來，因為這種人不值得你跟他吵架。

（3）養成良好的讀書習慣

或許很多同學已經在別的書籍上知道了習慣所帶來的力量，並且從日常生活中親自體驗了這一點。那麼，什麼樣的讀書習慣會給我們抵抗干擾帶來好處呢？

首先，要投入到書本上的知識當中，一旦你真正的投入進去，並積極的思考問題，自然就會淡化周圍那些干擾你的聲音。同學們都知道，公車上不可能有安靜的時候，但有的人卻能夠在公車上旁若無人的看書。為什麼呢？因為他已經養成了一種投入的習慣，所以車上的人再多、再嘈雜，對他來說也不會有什麼影響。當然，我們這裡只是打個比方，並不提倡大家

要在公車上看書，因為在公車上看書對同學們的視力會帶來極大的負面影響。

　　其次，善於利用零星的時間也能增強抵抗干擾的能力。比如，等公車的時候，如果你經常拿出一些英語單字的卡片，並在這個時候背誦卡片上的單字，一旦養成習慣，不但很好的利用了零星的時間，而且對提高自己的抗干擾能力也將大有幫助。

（4）努力做到「五到」

　　「五到」就是心、耳、手、眼、口的綜合運用，即心裡想，耳在聽，口在說，眼在看，手在動。

　　通常來說，複習時如果同學們能夠做到這「五到」，就可以使複習效率大大的提高。陳光老師常說，人的記憶有視、聽、嗅、味、觸等五覺。但我們做過調查，發現只聽的讀書效率為13%，只看的讀書效率是18%，而只動口的讀書效率為32%，但如果耳、眼、口並用，那麼，讀書效率可達到52%，如果加上雙手不斷地自然做動作，口中誦讀著所學到的知識，心裡思考著所學的知識，這時的效率可高達72%，而且更容易感到讀書所帶來的快樂。（參閱陳光老師

著作《改變學習方式、改變一生》）

（5）積極調整情緒

　　焦慮、緊張等心理壓力，很大程度上源於對自己的缺乏自信。當基測的複習時間越來越少時，很多同學越來越擔心自己複習得不夠充分，而有些同學由於模擬考試成績不是很理想，就感到前途暗淡。應該知道，這種缺乏自信的心理因素會產生許多消極的想法與暗示，並會加劇緊張感，放大外界干擾的影響。

　　所以，同學們要學會多看到自己進步的地方，只要你是在不停的讀書，總會有進步的，只是多與少的問題。失敗的主要原因大多是由這三個方面引起的，一是由於你自身缺乏自信心；二是考試的內容正好切中了你知識的盲點；三是基礎知識沒有掌握好。而要解決這三點，最重要的是必須調整好自己的情緒，才能積極的看待失敗與挫折，經常給自己積極的自我暗示。

　　調整情緒的方法有很多，平常可以經常抽出一點時間跟父母、同學聊聊天，透過交流、溝通，將緊張的情緒宣洩出來。

　　另外，同學們應該注意讀書、生活的規律性，生活的規律

性有助於穩定情緒。最重要的是每天都給自己定一個合理的複習目標，做到心中有數。

　　總之，只要你不怕干擾，干擾就干擾不了你，因為你對讀書的投入程度已經使你忽視了這些干擾的存在。

13、「開夜車」會讓你離目的地越來越遠

(1) 走出「開夜車」的錯誤觀念

　　有的同學喜歡讀書讀到深夜才睡，並且笑稱自己是個「夜貓子」，我們姑且避開白天不談，這些「夜貓子」在夜晚的精神應該是不錯的（如果不是被迫熬夜的話），況且，晚上安靜讀書的效果也是非常不錯的。

　　「開夜車」是一種讀書的方式和習慣，如果是專家在從事科研或者是藝術家在創作，那麼夜晚的清靜是最容易使人產生很多靈感的，但如果是備戰基測，這種讀書方式就有點捨本逐末了。

　　「怎麼可能呢？」我聽到你反對的聲音了。是，你是應該反對的，畢竟，在你看來，夜晚讀書是你的一大享受。但你應該知道這個道理的，舉凡是人，不可能一天24小時都精

神飽滿，如果你晚上熬夜（開夜車），那麼白天的情況就可想而知了，更要命的是，基測偏偏又是在白天進行，你說該怎麼辦？

辦法倒是有的，那就是把你的「生理時鐘」調到白天。很難做到，是嗎？唉！這就是習慣的力量啊！只是這種習慣你養成得太早了，或者不是時候（因為你現在是在備戰基測）。但是，再難你也得改過來，因為按照目前的基測制度，不可能在夜晚舉行另外一場基測考試，是吧，至少現在還不行。

另外，你也應該知道的，我們的大腦在經過了一夜的休息後處於一種平靜的狀態，白天讀書時就能夠像海綿吸水般地吸收，這時，便是我們理解能力與邏輯思維能力都處於顛峰狀態的時候，顯然是複習計畫中的黃金時段。

（2）對自己充滿自信

那些經常「開夜車」的同學，絕對不是百分之百都喜歡這樣做的，絕大部分的同學可能是實在被逼得沒有辦法，於是就想在別人睡覺的時候偷偷的超越別人，夢想著當別人醒來的時候，自己已經走在最前面。但這畢竟不是「龜兔賽跑」裡的笑話，而是「荷槍實彈」的基測備戰。把自己當成笨鳥固然是好

事，但也要選擇起飛的時間，如果盲目的飛，可能會飛入獵人的槍口上。

有的同學是隨波逐流，聽說別人總是讀書讀到深夜才睡覺，就產生了一種危機感，覺得自己不這樣做就會落後。再加上經常聽父母和老師說起古人讀書時「頭懸梁，錐刺股」的故事，於是對這種「開夜車」的讀書效率就更加深信不疑了。其實，古人的這種刻苦精神固然可佳，但卻不足以為訓，因為我們畢竟不是古人，我們應該有自己的讀書方法。

是的，每個人都有自己的讀書方法，別人的招術可能很靈驗，但並不一定就適合你。面對基測，誰先出招以及出什麼招並不重要，重要的是見招拆招，借力打力，這才是真正的高手。如果別人非要熬夜複習功課，你當然管不了，其實你也沒有必要管，因為管自己不該管、想自己不該想的事，只會徒增煩惱。只要你盡了力，你就沒有理由不喜歡自己。

（3）消除緊張感

面臨重要的基測，有的同學難免會緊張得睡不著覺，這是正常的現象。但這並不是「開夜車」的理由。睡不著，說明大腦處於一種緊張的狀態，這一定不是讀書的最佳狀態。

很多人都有過這樣的經歷，每當躺在床上輾轉反側無法入睡的時候，就乾脆起來看書，卻沒想到越看越覺得頭痛，就算勉強能夠看得下去，過後也是什麼也記不起來。所以，這個時候，你除了需要好好的休息，什麼事也不用做，就算是做別的事，也要為進入睡眠做好準備。

至於怎樣才能讓自己快速的入睡，我們這裡也沒有百試百靈的招術，因為每個人都有自己生理和心理的不同反應，但如果能夠消除緊張感，讓自己徹底的放鬆，應該是可以盡快進入睡眠狀態的。當然，也應該注意一些科學的、合理的方法，比如上床之前先洗個熱水澡，再喝一杯溫牛奶，或做一些輕緩的運動，特別是腳部的運動，這些都是有助於入睡的。

另外，盡量不要想用安眠藥等藥物來幫助自己快速入睡，這些藥物雖然可以暫時緩解你的煩惱，但卻容易造成身體對這些藥物的依賴，而且也容易導致焦慮、噁心、虛弱、發燒等症狀的發生。

14、基測「猜題」高招

身為一名考生，在考試前連做夢都想知道的事就是考試的題目。想一想，當你提前猜到考什麼樣的題目，並做了充分的

準備，考試將是一件多麼輕鬆而又有趣的事情啊！

（1）老師有意「洩天機」

基測試卷的出題者都是或曾經是在中學任課多年的老師，他們對於國中階段的難點和疑點一定是非常清楚的，包括同學們在考場上容易犯什麼樣的錯誤，他們也都是瞭如指掌。所以他們可以很準確地抓住你的弱點，並擊中你的要害。當然，你用不著為此而擔心害怕，所謂「山外青山樓外樓」，基測的命題者固然是高人，但你身邊也不乏「藏龍臥虎」啊！我們的老師，他們的水準和經驗也並不亞於命題者，而且，他們比命題者更瞭解你的長處和短處，他們也知道哪些內容重要，哪些是常考的。而與基測命題者不同的是，自己的老師會把這些都告訴我們。所以在基測複習時，注意傾聽老師說的每一句話，你一定會有意外的收穫。

（2）對基測試卷的透視報告

我們曾經對歷年的基測試卷做了透徹的分析，並發現了基測試卷的很多特點和規律，掌握了這些規律，對同學們的應考技巧將具有很大的幫助：

1.不考太簡單的題目，因為這樣的題目欠缺考試鑑別

力，沒有命題的意義。

2.不考太難的題目，因為大家都答不出時，也無法鑑別每個考生的實際水準。

3.在考課本中較簡單的內容時，經常在題目上附加很多變化。簡單的內容通常是基本概念或是基礎法則。因為，如果題目出得太直接，就好像顯現不出命題老師的功力。所以命題老師會想千方百計地在題目中增加一些干擾資訊，或是拐彎抹角，進而把題目精心地打扮一番。

4.在考難點時，在題目中常會出現有關的提示或給予輔助說明。命題老師辛苦地針對較困難的教材，精心設計了一道漂亮的題目時，一定希望可以測驗出同學們的實際水準。但如果所有的同學都做錯了，那麼再漂亮的題目也就失去了意義。所以他們會在題目中給同學們提示或說明，啓發一些解題的思路。

這份分析報告可以幫助同學們猜測基測出題的範圍，進而指導自己的複習安排。

以下五大內容是考試出題的敏感區，同學們應該高度重視：

1.中等同學常常弄錯、容易混淆的內容。

2.中等同學容易掉入考題陷阱的內容。

3.中等同學沒有辦法依靠自己的小聰明就猜到答案的內容。

4.中等同學非常害怕、很想放棄的內容。

5.中等同學需要具有綜合判斷力以及理解力才能解決的內容。

（3）仔細做基測歷年試題

歷屆的一些基測試題是同學們備戰期間磨練自己的資源。一段時間內的基測試題是有很大繼承性的，所以做這些題目可以幫同學們提高解題的速度，熟悉基測的題型。還可以檢測出自己目前的真實水準，並由此找到猜題的感覺。

考試專家建議同學們在基測備戰時，至少要做完最近三年各科的基測試題。如果時間還有很多，可以盡量多找一些歷年的考題來做。

這些歷年的基測試題同學們可以從網上下載，也可以到書店購買。總之，要盡可能地搜集到歷屆的基測試題。

15、補習班V.S.家教

如果把基測當成是職籃比賽的話，那麼課後輔導和家教就是洋將了，爲了增加勝利的機率，我們當然要聘請一些洋將增強實力。

選擇適合本隊戰術體系的高水準洋將，將給我們的攻防實力帶來全面的提升，進而立於不敗之地。但如果洋將不適合我們的打法，反而會打亂原有的攻防體系。這是同學們應該注意的。

課後輔導和家教各有其特點和優劣，大家要根據自己的讀書能力和實際需要來進行選擇。從通常情況看，補習班適合各科基礎通常，解題能力有待提高的中等學生；家教則適合在功課上偏重某些科目的學生。

（1）選擇補習班的優勢和劣勢

每年基測即將到來的時候，社會上的一些教育培訓機構會面向基測考生開辦一些補習班。毋庸置疑，一些比較好的補習班可以讓大家享受到一流的教育資源，獲得更多、更「奇特」的解題思路和方法，有的補習班還會將授課老師、授課內容和特點公佈出來，讓同學們自主地進行選擇。在補習班上課容易

激發大家的讀書興趣，成績通常都會有所提高。

但是在補習班上課會佔用較多的時間，會影響課後的正常複習，而且補習班良莠不齊，所以大家要擦亮眼睛，在選擇補習班前一定對其進行全面的瞭解。

（2）喜憂參半的家教

家教是很多家長和同學都經常選用的課後輔導方式。在準備基測的關鍵時期，根據自己的情況選擇一名合適的家教是有一定作用的。家庭教師是面對面地授課，而且輔導之前對自己學生的實際水準也進行了一定的瞭解，這樣就可以爲考生量身訂作一套合適的複習方法，家教也可以幫助同學們對劣勢的科目進行一番強補，複習中遇到了問題也可以得到及時的解決。此外，家教還可以糾正同學們不良的讀書習慣，進而掌握正確的讀書方法。在備考期間找一名好的家教對於同學們的備考將有很強的針對性，這樣複習的成效自然會大大提高。

要聘請家教這名「洋將」也應該注意以下兩點：一是對成績好的同學來說，請家教在某種程度上是一種浪費，因爲大多數成績好的同學可以自主安排自己的複習計畫，遇到問

題也可以直接向老師請教。二是請了家教可能會使一些同學認為有了高水準的外援，自己就必勝無疑，進而產生基測複習的依賴心理和精神上的鬆懈。

老師的話：

基測與職籃的不同點在於，在職籃的賽場上，洋將也可以得分，但在基測的考場上，能夠進球的人只有你自己，洋將只能為你傳出好球，但那投入籃框的一球仍然得由你自己去投。

2 各科複習法

1、國文

（1）基測國文複習的錯誤觀念

很多同學覺得基測前的國文複習沒有太大的作用，平時的累積才是國文拿高分的關鍵。的確，決定國文基測成績優劣高下的，追根究底在於考生是否有相當的國文功底，是否有比較完善的國文素質。而這些國文知識的掌握和能力的培養，主要是靠平時長期的累積所得的。於是在基測複習時，國文便無意中被很多同學打入了冷宮。

基測是強手的對決，一個弱點可能就足以致命了，所以絕不能以放棄的態度對待國文的複習。學習國文的秘訣在於累積，這一點也沒錯，但不管離基測的時間是長是短，從現在起重視國文的讀書和複習都是非常有用的。再者，國文是基測考場上的第一個障礙，只要你能順利的跨過去，就會使你的信心倍增，大大提高你的綜合戰鬥力。

（2）考好基測國文複習的第一步

面對基測，我們複習的目的就是為了在基測的考場發揮出自己的實力，進而取得高分。大家都知道「知己知彼，百戰不殆」的道理，瞭解自己的水準是很重要的，但瞭解基測考什麼則是更多的考生更願意關注的問題。

「考古題」是我們的高級偵查兵，它已經為我們打探到了足夠的準確消息，所以同學們要好好的利用這些情報。

（3）如何做好基礎知識的複習

國文的基礎知識主要考的是同學們的記憶能力，只要做好複習工作，你就會從內心裡產生一種自信。考試中首先遇到的也是基礎題，只要將開頭的幾道題做好，接下來的那些題目回答起來自然也就非常的順暢了。

那麼，複習基礎知識應該從哪方面入手呢？下面的這三種方法是同學們應該掌握的：

1.從各種知識中找到關聯和規律。比如合成詞有五種基本結構方式，而這也正是短語、句子的構成方式。

2.對於一個知識點要達到全面掌握的目標。比如對標點符

號的複習，盡量掌握正確的標點符號的各種用法。

3.把零散的知識進行歸類。比如在平時做練習題、看書時會看到古代文學的專有名詞，比如，唐宋八大家、四大名著等等。注意將這些知識歸納在一起。

（4）如何提高閱讀題的作戰能力

閱讀題是國文基測中所佔分數較高的一項，所以在基測備戰中一定要加以重視。每天保持一定的閱讀量，提高自己的語感與感悟能力。這樣，你的閱讀能力就會在不知不覺中得到提升，對文字的感覺也會敏感起來。這也是提升閱讀能力最簡單也是最有效的辦法。

同學們可以每天安排一定的時間用於現代文的閱讀，選擇一些具有代表性的文章有針對性地進行練習。在閱讀時注意結合有關的背景知識，快速讀懂文章的內容，整體把握作者在文中要表達的情感，並找出文章所用的表達技巧、語言特色等，培養自己對作品的鑑賞能力。

文言文的閱讀一直是同學們讀書國文的重點、難點，也是令大多數的同學感到頭痛的事，因為文言文中那些晦澀、枯燥、難懂的文字讓大家怎麼也提不起興趣來。但同學們應

該知道，有很多富有哲理的名句大都出自古代文學作品中，比如「天下事有難易乎？爲之，則難者亦易矣；不爲，則易者亦難矣。」「故天將降大任於斯人也，必先苦其心計，勞其筋骨，餓其體膚，空乏其身，行拂亂其所爲……」

如果同學們能夠將這些名句應用到我們日常的生活與交往中，不但能使你對古代文言文產生興趣，也會讓你的文章與口才增色不少。

（5）作文備戰技巧

作文是國文學科的重頭戲，也是國文考場上的壓軸題，可以說，作文題的成敗直接關係到國文這一科目的成敗。

但作文水準的提升絕不是一朝一夕的事情，就像你不可能在一個晚上長大一樣。如果你平時不好好的累積素材，不好好的練習，那麼，你一定會爲自己以前那種得過且過的日子追悔莫及，如果再給你一年的時間，那該多好，只可惜，基測就在眼前，怎麼辦呢？

如果你想讓自己的寫作水準在短短的時間內得到提升，那麼，很抱歉，因爲我們也幫不了你（實際上，誰也無法幫你）。但是，你也沒有必要因此而洩氣，基測的作文是有一些

規律可循的，只要掌握了一些應試的技巧，將一篇作文寫得比較完整，並寫出新意也並非難事。

1.要審好標題。只要你按照文章標題的意思去寫，一定錯不了。

2.寫作文時不能像「菜市場」一樣，什麼都有，因為什麼都想寫，所以就什麼都寫不好，什麼也說不明白，而且也找不到中心思想。

3.基測作文最好能夠抓住社會的潮流和脈動，如果將作文的內容與目前社會上的重要時事完美的結合起來，僅憑這一點你就可以給閱卷老師一個良好的印象。

4.提升語言文字的駕馭能力。這一點可以透過不斷的訓練得到提升，從今天開始請你每天寫一篇日記，內容不限，然後不斷的對文字的表達方式進行修改，直到自己滿意為止。

5.多留意一些名言、詩句，在恰當的時候引用，一定會讓你的文章增色不少。但不可用太多，這樣會使文章顯得比較生硬和做作。

6.如果你的字寫得不太好看的話，最好慢慢寫，就算寫

得不好看而且速度也比較慢，但至少寫得清楚、整齊，讓閱卷老師覺得你是一個認真、負責的考生，一定會給你增加不少印象分數。

2、數學

（1）考點大部分在課本裡

數學分兩個部分，計算與學理。計算需要一定的時間練習，一旦計算搞定後，只要研究學理，這時數學海闊天空，任你翱翔。

但是很多同學陷入數學必須多做的迷思。數學大師陳光說：「先建骨架，骨架建立後，長出來的任何一份肉都是肌肉，反之，做再多的數學題目都是贅肉。」

在基測中，數學的基礎知識題可以佔到70分左右，而且很多考題都是課本例題、練習題的變形和延伸。所以在複習過程中，同學們一定要把重點放在課本上。

數學課本中的基本概念、法則、公式、性質、公理、定理是基礎題的基礎，所以同學們有必要對這些概念進行整理。具體的做法是：將國中三年每本數學教材各章節的主要知識點做

成一個知識框架，並反覆地複習。

　　有的同學複習的時候，常常將課本放在一邊，而把主要精力放在參考書和習題本上，當然，我們不是說參考之類的書不能用，而是應該分清孰重孰輕。如果你放棄課本，那麼，習題本上那些變化無常的題目可能讓你無法應付過來，或者應付起來比較吃力。其實，那些題目是萬變不離其宗，不管它怎麼變，最終還是不會離開課本的，只要你將課本上的東西弄清楚之後，你距離「火眼金睛」的那個階段已經不遠了。

（2）做類似題是提高成績的手段

　　弄清楚課本上的基本概念、法則、公式、性質、公理、定理等基礎知識後，並不是說就大功告成了。像我們讀書武術一樣，學會了一些套路、招式、基本步法之後，只能說明你已經打下紮實的基本功。這個時候，你要是在外行的人面前表演一番應該是不會有什麼問題的，但如果你要走上擂臺，我只能送給你一句話：「同志仍需努力！」

　　那麼，如何才能做到信心百倍的走上擂臺，與對手一決高下呢？那就需要經過一段時間的實戰練習了，這個時候，

那些習題集自然就會成為你的「陪練員」了，面對它們，你絕對可以採取主動，而不是被動挨打，或者主動進攻，或者見招拆招，全憑你的興趣了。只要你將這些「陪練員」一一打敗，面對眼前的擂臺（基測），讓你退縮已經是不可能的事了，衝上去吧！因為那裡是你的天下！

（3）正確對待難題

只要是考試，特別是基測，不管是哪門科目，總是會有一兩道難題的。要不然，每個考生都考了滿分，這樣的話，既體現不出命題老師的功力，也考不出考生水準的高下，那怎麼行？

所以，難題一定會存在的，而且這些難題既要考學生、老師，又要考命題者。因為，這些難題如果大家都會做的話，那就不叫難題了，說明命題者沒什麼功力；如果這些難題讓所有的學生都做不出來的話，那麼也分不清誰最優秀了，也同樣失去了考試的意義。更為重要的是，這個時候命題者一定會被所有的人孤立起來了（包括他的上級主管），因為他所出的題目，所有的考生都做不出來，只有一種說法可以解釋，那就是他對學生的讀書狀況一點也不瞭解。

　　所以，請同學們放心，在基測的難題當中，是不可能出現那些「偏題」和「怪題」的，因為如果命題者存心要為難大家的話，也就等於在為難他自己了。

　　至於數學的難題，不外乎是把一些解題思路綜合起來，比如將代數的一些解題方法、思路，綜合到幾何題型裡。這些難題對一些中等的考生來說，當然有一定的難度，但對於真正優秀的考生來說，只要靜下心來，認真思考，應該不難找出破綻的，只要找到了突破口，問題自然就會迎刃而解了。

　　當然，也不是說，中等生就應該放棄難題，因為一旦放棄，這個題目你就一分也拿不到。量力而為，如何找出目前程度的最大值，那就是：知己知彼，百戰百勝。

3、英語

（1）認清自己，確定目標

　　別的科目我們不敢肯定，但對英語來說，要做到認清自己應該不是非常困難的事。英語單字掌握了多少，對語法理解得怎樣，閱讀水準達到什麼程度，聽力是否還算過得去等

等，對於這些，每個同學對自己的水準都應該是心知肚明的。

英語跟國文一樣，想要在短時間內使自己的水準突飛猛進是不可能的，但你的信心卻可以讓你在考場上將自己的水準發揮得淋漓盡致。那麼，信心從哪裡來呢？如果你現在的水準已經很高，當然沒有問題，用不著我們給你鼓勵，你自己自然就會信心百倍。但如果你對英語單字背不了幾個，對語法的理解也一知半解，閱讀水準也是望文生義，那該怎麼辦呢？

辦法當然是有的，那就是給自己確立一個實際的目標，所謂的實際目標就是自己定的目標不要過高，不要指望用多少時間就要超越某某同學。最好的目標就是只要自己努力就一定能夠達到的目標，這樣的目標既不容易實現也不難實現，而且一旦實現，你的努力就不會白費，你的信心自然也就有了，因為你並不比別人笨，成績之所以落後的原因是你以前不夠勤奮，但現在知道這個原因還是來得及的。

英語科目的基測題也大都是基礎題型的，對於中等水準的同學來說，在做好基礎知識複習的前提下，再進行一些聽、讀、寫能力的訓練，應該不難獲得高分的。

對於在英語基礎比較薄弱的同學，複習的重點則應該放在背誦辭彙、進行基礎語法知識的複習上。只要做好了這一點，

應該也不難拿下那些百分之七十的基礎題的。並盡可能在基礎知識掌握牢固的前提下，再挑戰一下那些稍微有點難度的題目也不是不可能的。

（2）狠抓基礎，注重方法

在複習單字時應掌握「字不離句」的原則，記憶單字應結合其在句子中的含義、用法以及字型的變換規則等等，因為單字只有放在句子中才能更好地理解它的具體用法，記憶起來也會更加的容易和深刻。

英語語法的內容是比較多的，也非常的繁雜，而且跟我們中文不一樣，可能是我們從小就處在中文的語言環境裡，所以對英語感到比較陌生吧！就像外國人讀我們中文一樣，其難度也是可想而知的。所以，我們在複習英語語法時，就要特別注意歸納和整理，使語法知識系統化、條理化。在複習課本、筆記和試卷的時候，把其中的語法點總結出來，記在單獨的一個本子上。相關的或者容易混淆的語法點盡量寫在一起，這樣，同學們就便於進行比較和記憶了。

此外，對於課本中的重點句子和段落應盡量把它們背下來，你應該知道的，多背一些英文文章可以提高你的語感。

（3）提高閱讀能力，考試穩拿高分

　　或許你早就知道了，學習英語，閱讀能力的提高是多麼的重要，姑且不說大家在以後的工作當中所碰到的那些英語資料，就眼前的英語考試來說，如果沒有一定的閱讀能力，你能夠順利的做下去並保證自己能夠取得高分嗎？當然不能，是吧！

　　那麼，如何提高自己的英語閱讀能力呢？要提高自己的閱讀理解題能力，除了多讀一些英文文章外，配合這些閱讀過的文章做一定數量的練習題也是十分有必要的。

　　同學們在選擇閱讀資料的時候，一定要根據自己現有的程度，選擇適合自己的文章。如果是太難的文章，生詞就會很多，閱讀起來的難度是可想而知的，可以想像得到那種一邊閱讀一邊查字典的尷尬，而且也破壞了閱讀的連貫性，這樣一來，好不容易建立起來的閱讀積極性也會隨之一掃而光了。但如果先讀一些太簡單的文章，卻又發揮不了提高閱讀能力的作用。

　　所以，同學們在選擇英文文章閱讀的時候，應該選擇那些有點難度，但不用經常查閱字典就能夠閱讀下去的文章。多讀幾遍，自然能夠熟能生巧，一些語法也就能夠應用自如了。

另外，基測的閱讀理解試題涉及到很多文章題材，所以在選擇的時候，也應該注意文章題材的廣泛性。

（4）聽力複習，重在堅持

就算不考聽力，英文的發音是記憶的基礎。

很多同學覺得要提高聽力部分的分數很難，其實只要你精心準備，聽力水準也是不難提升的。

多聽是提升聽力的關鍵，同學們可以經常聽一些英語的廣播或英語電視節目。當然，也不能盲目的聽，如果聽了半天，什麼也沒有聽懂，那就等於徒勞無功。所以，在選擇的時候，一定要注意選擇適合自己程度、多樣性的聽力資料。

書店裡那些針對國中生聽力練習的英語光碟，是比較好的聽力資料，同學們可以多購買一些。這樣，同學們就可以反覆播放，剛開始的時候最好不要看書面的資料，盡量獲取更多的語音和發音資訊。聽兩遍後再把聽力資料朗讀一遍，然後再合上資料持續播放。如此反覆的進行，過一段時間後，就能基本熟悉標準英語的語音、語調，進而體會到一些連讀、弱音的語言現象。

英語聽力的提升是一個循序漸進的過程，需要同學們具

備堅忍不拔的毅力和堅持到底的信念。這一點你應該明白的，那些英語程度較高的同學絕對不是天生就是那樣的，他們耳朵的靈敏度跟你差不了多少，之所以對英文的聽力比你高，只不過是比你多聽了幾遍英語光碟而已呀！

（5）一手好文章，考場上稱雄

國文課上那些作文程度較高的同學，一定會贏得很多人的羨慕，但如果能夠用英語進行寫作，那可真是高手中的高手了。當然，英語寫作能力的提升，也並非是短時間內就能實現的，它需要循序漸進、多種途徑地進行訓練才能夠達到。下面我們介紹的方法，倒是可以幫助你快速提升英文的寫作能力。

1.默寫。同學們可以默寫生字、短語、句子，也可以默寫對話、段落或整篇課文。這樣做的好處就是有助於鞏固複習的成果，累積寫作的語言材料和語法的綜合運用能力。

2.造句。給自己幾個單字或片語，用這些資料造出幾個句子。同學們都知道，文章都是由一個個的句子組成的，所以這種練習對於寫作能力的提升就會帶來很大的幫助。

3.套寫。書信、通知、便條等應用文有其固定的格式和語言特色，同學們在練習應用文的寫作時，可以把要寫的內容套

入這類文章的框架中。透過這種練習，可以使我們快速的熟悉應用文的體裁和寫作技巧。

此外，同學們還應該背誦各種題材的英語範本，因為這種文章通常都有較好的構思和比較精美的句型，如果將這些構思和句型運用到基測作文中，往往會收到奇兵的效果。

（6）錯誤是正確之母，失敗乃成功之源

沒有人敢說他的一生沒有失敗過，因為一個人的一生不可能都是成功的；沒有人敢說自己從未犯過錯，因為就算神仙也不可能把所有的事情都做對。

一個人之所以能夠成功，是因為他記住失敗的教訓，吸取了經驗，讓錯誤不再重犯。

我們曾經做過一個試驗，就是將同一張英語試卷在同一個班上連續考了兩次（事先不做任何的提醒），結果我們發現，第一次考的時候，大多數學生都沒有及格（因為試卷中的題目比較難），第二次考的時候，雖然大多數的學生成績普遍提升，但還是不太理想，不過，有一位同學卻得了滿分，而這位同學在第一次考試的時候，他的成績只是勉強及格而已，這引起了我們的極大興趣。後來我們才知道，這位

同學給自己編集了一本「錯題集」，每次都將作業或考試中的錯題「登記備案」，並立刻消化掉，這一招果然厲害，使他在做作業和考試的時候所犯的錯誤越來越少，並堅決做到不讓錯誤重複上演的機會。

所以，同學們在複習的時候，千萬不要忘記把你錯的題目也多複習幾遍，要知道，減少失誤是這些錯的題目開始的，而減少失誤本身就是勝利的前提。

4、物理

（1）複習課本中的物理概念和物理規律

基測備戰，最重要的是把課本複習好，物理科目當然也不例外，而且要儘早做到這一點，因為在第一輪複習結束之後，同學們將面臨大量的測驗，這個時候，就幾乎沒有時間再複習課本了。那麼，如何複習好物理課本上的知識呢？

當你複習完一章後，要根據自己的理解把這一部分的內容做成一個知識圖表，這樣才能全面地掌握知識，使自己的思維處於非常活躍的狀態，解答問題時才能從不同的角度和方位進行思考。當複習完一本書後，這本書的知識結構便清晰地呈現

在你的眼前了。在複習課本的時候，以下幾點是你應該注意的：

1.要重點掌握概念和物理規律。物理學中的概念、規律都是經過了長期地探索與實踐過程才形成的，是人們思維活動精雕細琢的結果，所以物理概念非常精練，理解並掌握這些概念、規律時，同學們應該做到瞭解每個字。只有這樣，才能算真正理解這些知識，才能說明你的複習是有效的。

2.要注意區分相關的物理概念和規律。有的概念名稱很相似，如壓力和壓強；有的概念意義相近，如壓力和重力。這些相關的概念是基測的重點，當然也是基測複習的重點。在複習時，同學們可以將這些知識進行分類，以便進行比較、區分和記憶。

3.要弄清複習與第一遍的讀書的區別。複習的目的是使自己鞏固和掌握所學過的知識和技能，並進一步使之系統化、規律化和簡明化。所以透過複習不但要鞏固所學知識還要實現一定的綜合提高，也就是在複習時要注重對知識點的理解和掌握，還要訓練自己運用知識分析現象的能力。

（2）將物理的複習和現實生活結合起來

物理是一門貼近生活、注重實踐的科目，在我們的日常生活中，可以經常看到很多的物理現象。學習物理的第一個目的就是讓同學們將書本上所學到的知識與生活中的物理現象結合起來，並弄清這些物理現象的形成過程。當然，在基測中，這方面的題目也是避免不了的。

　　所以，同學們在複習物理科目的時候，僅僅掌握和背熟書本上的知識是不夠的，還應該學會用物理觀點觀察我們生活周圍的事物，並大膽地進行聯想、主動探索和發現書本知識與生活的結合點。進而形成一種運用物理知識分析自然現象的能力，大大提高基測考場上物理科目的取勝機率。

（3）不要放過物理練習題

　　像其他科目一樣，物理練習題既然有存在的必要，也就有讓我們去完成的必要。其實，基測的考題也是由練習題組成的，只是中間經過了命題者的篩選和加工而已。

　　同學們可以在複習完每一章節後，找一些試題做一做，一方面可以鞏固自己已經掌握的知識，尋找還沒有掌握好的知識進行彌補；另一方面，可以讓自己盡快進入基測的競技狀態。在選擇試題的時候，最好要選取一些有代表性的基測、競賽試

題，如果隨便找一些試題就做，那是很難達到複習的效果的。畢竟，練習題雖然很多，但不可能所有的題目都適合你。

當然，你也可以找一些平時的測試卷，總結每種題型的解題思路，如果在基測考場上遇到同類型的題目時，該怎樣做，你的心裡就有底了。

5、化學

(1) 如何複習化學課本

首先，由於化學概念都是世界上很多化學家認真思考的結果，所以在理解並掌握化學概念時要瞭解每一個字。比如，溶液的定義是「一種或幾種物質分散到另一種物質裡，形成均一的、穩定的混合物」。在複習時，同學們要學會把定義中的每個字都清晰而深刻地印到自己腦海中。一旦你的複習達到這種程度，那麼如果在考題裡碰到「水是不是溶液」這個問題時，你就能夠很快而且非常肯定地做出回答：不是。

另外，隨著複習的深入，同學們掌握的知識點一定會越來越多，這時候，最容易出現的問題就是，容易把一些相關的知識點混淆不清。為了避免出現這種情況並提高複習的效率，在複習時，大家可以找一個本子，把相關的知識點記在一起，並加以分析找到它們的相似點和不同點。

（2）如何複習化學術語

化學這門科目有很多的術語，而且這些術語既專業又不是太難懂，所以一定會是命題者比較青睞的選擇對象。但有些同學卻往往不注重對這些專門術語的複習，導致一些很容易就能夠得到的分數也與自己失之交臂，實在是非常可惜。

化學術語主要有以下三大類：

一是表示元素的符號或結構圖，如離子符號、離子結構示意圖等。

二是表示物質組成和結構的式子，如化學式。

三是表示物質變化的式子，如電離方程式。

在複習的時候，同學們一定要對這些重要的知識達到熟記

於心的程度，因爲這既是基測的必考點，而且複習起來難度也不是很大。

（3）重視化學實驗

化學是一門以實驗爲基礎的學科，實驗是老師講授化學知識的重要手段，也是同學們獲取知識的重要途徑。應該知道，課本中大多數的概念和元素化合物的知識都是透過實驗求得論證的。透過實驗，對同學們理解化學概念和鞏固化學知識是有極大幫助的。

在課堂上複習的時候，如果老師要做實驗，千萬不要放過任何學習的機會，一定要認眞觀察和思考老師的實驗演示，你應該知道，化學實驗的目的就是透過現象反映其本質的，只有正確地觀察和分析才能達到驗證和探索有關問題的目的。所以，同學們一定要明確實驗目的，瞭解實驗原理，要認眞分析在實驗中看到的現象，腦海中要經常出現幾個爲什麼，並爲尋求答案進行不懈的探索。要學會運用所學的知識對實驗進行分析，並推斷和檢驗有關物質。

另外，同學們還要自己親自動手做實驗，袖手旁觀雖然

也能記住一些程序，但有時候往往會出現這樣的問題——明明是看懂了的東西，等到自己真正動手時，卻不知從何做起。但如果同學們自己動手做實驗的話，這些問題就可以避免了，因為自己動手的話，你就會自覺的養成了勤於思考、多問、多想的習慣，進一步分析實驗發生的現象，進而提高自己的分析問題、解決問題的能力以及獨立動手實驗的能力和創新能力。

（4）熟記化學知識有「訣竅」

　　雖然同學們學化學的時間只是短短的一年，但需要記住的化學知識並不少，而且很多知識是很難一下子記住並熟練的。當然，這也不能怪同學們，畢竟，唸任何科目都有一個適應的過程，而且這個適應的過程又是在國中的快節奏和壓力下之下形成的，其難度是可想而知的。所以，有很多同學對這些知識總是一籌莫展，也是可以理解的，有時候，花了很長時間才記住的知識，沒過多久又忘得一乾二淨了。

　　有什麼辦法幫助同學們將這些必須記住的東西記得又快又牢呢？方法是有的，而且可以說是屢試不爽，那就是透過已知到未知進行記憶。比如，同學們可以把常見的30種元素運用鎖鏈記憶法：鉀鈣鈉鎂鋅，鋁鐵錫鉛氫，氟氯溴碘氮，氧矽碳

硫，鉬錳鋙銅金，氦氖氬汞銀。

　　千萬不要小看陳光老師的邏輯式記憶方法，因為它可以
讓你在面對成堆需要記住的知識點時，能夠應付自如，讓你
記憶起來既有趣又牢固。

第二章　讓你的智力驚天動地

你的已知越多，你的記憶就越強；在沒有邏
輯之前，不要試圖去記憶。

——陳光

Ⅰ 大腦裡所蘊藏的智慧

1、大腦的結構及各部分的功能

人類的大腦是非常複雜的，數以萬計的神經元交錯聯繫成網路，而數百萬的神經纖維就在各個區域之間發揮聯絡作用。大腦也可以分成一些有著不同功能的區域，而各個區域又有著不同的功能。瞭解我們的大腦，瞭解我們大腦所蘊藏的智慧以及大腦所釋放出來的能量，對同學們增強自信、備戰基測將具有舉足輕重的作用。下面我們將逐一向同學們介紹：

（1）脊髓

脊髓是大腦中最古老的部分。它從頸部向下經椎骨中心到背的底部。脊髓中有一個很長的貫穿骨髓的空心管，裡面充滿了腦脊液。

脊髓的功能有兩個：一是進行簡單的反射，比如，當你擊打自己的膝蓋時，小腿會彈起；二是身為頭部和身體其他部位

的主要聯繫通道。大腦對身體的控制是透過脊髓來傳達的，身體各部分的感覺也是透過脊髓到達大腦的。除了頭部本身的傳入和傳出是透過腦幹外，所有其他部位都與脊髓有關。

（2）腦幹

腦幹在脊髓的上端。它仍然有脊髓的管狀結構，在某些方面可以認為是脊髓的延伸。腦幹中有個像小手指大小的複雜的神經網狀結構，稱為網狀結構。它接受大腦各部位傳過來的神經，同樣向各個方向發出指令。

網狀結構在維持覺醒方面有重要的作用。如果把它和大腦的其他部分分離，那麼這個人就會進入持續的睡眠狀態。網狀結構也控制和過濾各種感覺器官傳入的資訊。例如，你的房間裡有個掛鐘滴答、滴答地響，但你會很快習慣這種聲音，所以過了一段時間以後你就感覺不到這種聲音的存在了。但是大腦仍然控制著這個聲音，如果鐘聲突然停止或改變速度、音量，你就會立即注意到這些變化，這就是網狀結構在你的大腦中發揮的警戒作用。

（3）小腦

小腦與腦幹相連，它的神經元結構有點像大腦皮層，但

比皮層要古老許多。

小腦與許多功能有關，但它的主要功能是協調運動。它能綜合所有感覺器官和所有肌肉運動的傳入資訊，以產生平滑的、精緻協調的運動。

（4）中腦

中腦在腦幹的頂部，它是許多細胞核的大區域，一部分負責傳送從感覺器官到皮層的資訊；一部分則溝通皮層的一個區域到另一個區域的資訊並與網狀結構和邊緣系統相互作用。邊緣系統是腦的中部的一組神經結構，它在情緒和激發方面有著重要的作用。

中腦的下方是下中腦。下中腦雖然只有豌豆大小，卻是大腦的一個關鍵部位。這個部位主要負責維持體內的平衡，保證我們身體功能的各個參數處於平衡和最佳的狀態。比如，如果血液中的二氧化碳過高或過低，它就會使呼吸增強或減弱；如果體溫太高或太低，它就使你出汗或發抖。此外，它在控制睡眠、行為活動和情緒等方面也具有重要的作用。

（5）皮層

皮層也叫大腦皮層，它覆蓋著整個中腦。雖然皮層只有腦容量的四分之一，但它卻擁有整個大腦75％的神經元。皮層還有個名字叫灰質，這是因為皮層內神經元的密度較大而呈現灰色的緣故。

大腦皮層的某些區域在感覺活動方面具有特殊的作用。比如，皮層的背部和處理視覺資訊有關；側面的一個小區域則和聽覺資訊有關。但是皮層的大部分區域是與許多不同的感覺資訊相聯繫的。

大腦皮層還有一個非常重要的額葉區。人們曾經認為幾乎每個能想得到的功能都與額葉區有關。特別是人的高級功能，如情緒、智力和記憶等。

（6）腦膜

腦膜是覆蓋著整個大腦的一系列膜。腦膜的外層可以產生保護大腦的作用，而內層則有很多動脈把血液送到大腦。

2、影響大腦功能的因素是什麼？

（1）神經元死亡會影響智力嗎？

我們用大腦來思考問題並解決問題，所以大腦的功能就是我們所說的智力。而說到我們的智力，一直以來，曾經存在著兩個錯誤的觀念：一種說法認為我們的智力在20歲以後便開始衰退了；另一種說法認為青少年時期的智慧是穩步上升的，而成年人的智慧是逐漸衰退的。

　　很多人認為，人類智慧早衰的原因之一是由於神經元會不斷地死亡，而且始終沒有更新的可能。其實，這種看法當然是不能成立的，退一步說，即使這種觀點正確，我們的智慧也不會因為神經元的死亡而早衰。請同學們聽一聽科學家的解釋：

　　1.我們人類的大腦有100億到140億個神經元。即使神經元每天死亡1000個，那麼我們一生所失去的神經元也還不到總數的1%。

　　2.如果腦是逐漸損壞的，但它的功能並不因此而減退。人的一生中不到1%的腦細胞一個個地減少，但是每當一個細胞死亡時，我們的大腦會很聰明地補償這個損失。

　　3.死亡的腦細胞應該是均勻地分佈在我們的大腦中，所以，死亡的一些腦細胞不會影響大腦的功能。而事實上我們的大腦也很讓我們放心，它有著雄厚的儲備力量，一生中小量細胞的損失不論是緩慢地減少還是突然減少都不會對整體性的大

腦功能造成不好的影響。

現代的生理學試驗已經證明，一個人的智力在一生中是不斷地穩步增長的，只是到了60歲以後才開始逐漸降低，而且這種降低也不是一定會發生的。

（2）缺氧和高血壓是影響大腦功能的兩大因素

氧氣對我們大腦的影響是舉足輕重的。雖然我們大腦的重量只占體重的2%，但它卻要消耗吸入氧氣的25%左右。如果減少氧氣的供應，我們大腦的功能就會受到損害。如果完全中斷氧氣三分鐘左右，大腦就會徹底地「罷工」。

高血壓是降低大腦的供氧和導致智力衰退的另一個重要因素。比如英國的公爵大學對87名60歲的老年人進行了10年的研究，結果發現那些高血壓的人智力明顯地降低，而那些血壓正常的人，他們的智力卻沒有衰退的情況。

所以，同學們在平常複習功課的時候，不要只顧著讀書而忽略了我們的大腦，最好選擇在氧氣充足的地方複習功課。

至於高血壓，雖然是老年人的「專利」，但青少年也不得不防之。當然，防止高血壓也有很多的方式，但這是一個

比較專業的醫學問題，同學們還是直接向醫生諮詢比較好。

（3）多給自己的大腦一點信任

「說你行你就行，不行也行；說你不行就不行，行也不行。」——這是一句曾經非常流行的話，之所以流行的原因是它可以影響一個人的行為和信念。也是那些教育得法的老師和家長們的秘密武器，如果你經常得到老師和父母的讚揚，那麼你可能就會變得越來越聰明；如果你的教師和父母經常指責你，那麼你可能就會變得越來越笨。

現在，你完全不用管父母怎麼說你，你只要相信自己的大腦是聰明的就可以了，只要你不斷的給自己這種積極的暗示，你的大腦就會越來越聰明，因為你的大腦跟那些學業成績優秀的學生並沒什麼兩樣。他們的大腦之所以暫時比你聰明，那是因為被誇出來的，但你可以自己誇自己，時間一長，你就會和他們一樣聰明了。

3、大腦裡的數字

大腦的重量只有1.6千克。

神經元是最重要的腦細胞，約有100億個，大概是地球居民的3倍，或有銀河的星星那麼多。

有種說法是我們人類大腦的神經元每天都會損失1000多個，但沒有太多的證據證明這種觀點的正確性。

每個神經元和其他神經元有1萬個以上的聯繫。

一個神經元發散出數百個樹突，人腦中的樹突全長約10萬公里。

神經細胞之間約有1/5000毫米的間隙。

每個神經元每秒可以發出或接收10個衝動信號。

大腦中除了神經元外，還有1000億個其他細胞（稱為神經膠質細胞）。

我們的腦大致可以分為5個區域：脊髓、腦幹、小腦、中腦、皮層和腦膜。

覆蓋在整個大腦表面的皮層如果完全展開的話有26平方

公尺的面積。

　　大腦分為左右兩個半球，如果把顱骨去掉，你可以看見明顯的分界線。左右兩個半球有不同的分工。左半球主要承擔分析型的功能，和語言和邏輯思維的關係比較密切；右半球主要擔負綜合型的功能，創造性思維主義在這個半球進行。

　　大腦皮層的左右兩半有大概2億根神經纖維來連接。

　　如果出生的嬰兒只有一個半球或出生後因疾病而切除了一個半球，那麼剩下的那個半球會自覺承擔起失去的那個半球的功能。

　　大腦只占我們體重的2%，卻要消耗身體吸入氧氣的25%。

　　兩到三分鐘失去氧氣供應，我們的大腦就會不省人事。

　　大腦能保持高效率地持續工作15到45分鐘。

　　我們之所以把這些大腦的數字告訴同學們，並不是讓同學們去研究我們人類的大腦，而是讓大家知道我們的大腦是多麼的神奇，並對讀書和基測備戰產生信心。

4、跟大腦有關的數字

著名的「艾賓浩斯遺忘曲線」告訴我們，讀書並進行記憶的知識，一個小時後最初的記憶會喪失60％左右，一個月後會喪失80％左右。

唸書後約5到10小時複習一次是比較好的，時間太長的話會使複習的難度加大。第二次複習時，可以安排在24小時以後。第三次複習可以在一個星期後進行。一個月後進行最後的複習。這種複習安排可以大大降低遺忘的速度。

如果同學們每天讀書6個小時，那麼就需要1個小時來複習6個小時前所學的內容，以便永久地記住它們。如果每天的複習時間再增加20％，將導致長期記憶提高10％～90％，總效率將提高為原來的75％。

有些藥物可以使我們大腦的記憶力提高15～20％，而適合自己的記憶法可以成倍地改善同學們的記憶。

具體的事物比抽象的事物能較快地被同學們認識，平均能快一秒半。

同學們對記在筆記上的內容的記憶比沒記筆記的記憶要強6倍左右。

把知識畫成圖表或用不同的顏色寫成的筆記比通常的筆記更有複習價值，大約能使你的記憶效果提高50%。

人們每分鐘能默讀的字不會超過200～300個。

把手指放在你看的書上，並移動手指，這樣可以使你的閱讀速度平均提高50%，可以使你注視的範圍擴大60%。

把新書很快地讀十遍，逐漸增加自己的知識，比一開始就辛苦又努力地精讀更有效果。

5、大腦所需要補充的營養

（1）我們的大腦越用越靈

不管是大人還是小孩，我們的大腦都是在豐富多彩的生活中獲得成長的。所以，同學們一定要經常使用自己的大腦，讓它從事更多的工作、接觸更多的新鮮東西，這樣我們的大腦才會越來越靈活。

有的科學家說，20歲以後的智慧很可能會下降，其實下降的原因並不是因為一些腦細胞死掉而引起的，而是因為我們在這個年齡層以後，有的人就步入職場，已經不怎麼接受正規教育。很多人不再像在學校那樣經常性的用腦，於是，大腦的潛

力自然就會有所下降了。可見，我們的腦和其他身體器官一樣，如果你不經常使用它，它就會「變懶」了。

下面讓我們來看一個有趣的白鼠實驗。有位科學家把白鼠分成三組：第一組的白鼠可以在複雜的環境下自由活動；第二組的白鼠只能看到這些豐富的環境卻不能在那種環境中活動；第三組的白鼠是生活在非常單調的環境中。一個月後檢查牠們的大腦後發現，第二組和第三組白鼠的大腦沒什麼明顯的差別，第一組跟另外兩組白鼠的大腦相比都明顯地變重了。

白鼠雖然很小，但牠的神經系統在許多基本結構和功能方面和人類的神經系統是非常相似的，上面的這個實驗結果，可以從另一個角度看出我們人類大腦成長的特點。

我們僅僅生活在豐富的環境裡是不夠的，還必須在環境裡充分地活動，以獲得各種對大腦的刺激。有的同學可能會說，電視也是能獲得很多刺激，所以多看電視的話一定會變得越來越聰明。如果你真是這麼想的話，那就有點鑽牛角尖的嫌疑了，看電視對大腦的發育並沒有多大的好處。因為看電視所獲得的刺激都是消極的，要知道你的大腦在看電視的時候，並不是在運轉而是處於一種休息與放鬆的狀態。

那麼什麼樣的活動才能使我們的大腦獲得最佳的訓練呢？其實很簡單，同學們可以經常和老師、成績比較優秀的同學聊聊一些讀書上的問題，也可以在看書時，不斷地提出各種問題，然後透過自己的思考解決這些問題，或者向老師和好友請教。

所以，如果你想讓自己的大腦變得非常靈活，就要不斷地使用它，讓它感覺到自己是多麼的能幹。

（2）鍛鍊身體和休息對大腦有好處

經常做一些運動對我們的大腦一定會有好處，這一點早已成為定論，比如適當的鍛鍊身體可以增加對大腦的氧氣供應，讓大腦更有活力。

加拿大的一位科學家曾經對300名上學的兒童進行了三年的研究，發現那些每天進行身體鍛鍊的兒童不但身體健康，學業成績也比較高。

我們的大腦有個習慣，就是在連續工作一段時間後，一定要休息。如果你不讓它休息的話，它當然就會「偷懶」，使你的工作效率變得非常的低下。

　　所以，我們在連續複習一定的時間後，一定要休息一下，這樣可以提高我們的理解力和記憶力。

　　晚上當然要讓自己睡得盡量舒服一點，因爲我們的大腦在睡眠時會主動地補充白天消耗的蛋白質和其他的化學物質。

（3）大腦也喜歡「挑食」

　　大腦是我們人體的「司令部」，既然我們平時吃飯的時候也偶爾會犯挑食的毛病，因此，我們的大腦就更不會客氣了。當然，大腦喜歡挑食並不是什麼毛病，因爲它所吸收的東西都是爲了使我們的大腦更加的靈活，比如維生素B、維生素C、維生素D和維生素E等，都是大腦所需要補充的營養。這一點相信你已經很清楚了，那麼，到底哪些食物富含這些維生素成分呢？

　　維生素E通常是藏在全麥、全穀物的食物和從種子冷榨的植物油中，它可以幫助神經細胞更好地利用氧氣。

　　維生素B和維生素C可以提高大腦的靈活性；維生素D有助於大腦分解各種無機物，如鈣和碘。這些維生素可以從新

鮮的蔬菜和水果中獲得。有時蔬菜應該生吃，因為經過烹煮，特別是燉煮，就會使某些維生素流失掉。

我們的大腦非常不喜歡人工食物防腐劑和染色劑。過多的糖、澱粉、咖啡和酒精也會讓它變得遲鈍。這一點是你應該掌握的常識，別只顧著自己的口福而忽略了大腦的感受。

6、大腦所具備的無限潛力

我們的大腦只有1.6千克左右，然而它卻可能是世界上最複雜的系統。它所產生的令人敬畏和驚奇的感覺在某種意義上可以用優美來形容。

對大腦瞭解得越多，我們越發現大腦的容量和潛能遠遠超過早期的預料。比如，大腦的儲存量足以記下每秒1000個新的資訊單位。而最近的實驗提出，事實上我們能記住發生在我們身邊的每一件事。

大腦身為資訊的處理機，它的運算速度是非常快的。比如，它能在幾百分之一秒內接受一個人臉的視覺映射；在四分之一秒內分析它的許多詳細情況；並將全部資訊綜合成一個整體。產生一個明確的、三維的、兩頰豐富的面容，即使從未在

這個地點、光線或周圍環境中見過這個面容及其表情，我們的大腦仍能從其記憶中記錄的數千個其他面容中識別這一面容，能從記憶中想起關於這個人的許多想法、交往和印象，而全部過程可以在一秒內完成。

我們的生活是豐富多彩的，所以大腦似乎過濾掉了大部分輸入的感覺資訊。然而，大腦的充分敏感性還可以在病理症狀中顯示出來。比如，精神分裂症的病人會表現出不正常的敏銳感覺。阿狄森氏病（缺少腎上腺皮質激素）可使人的味覺提高150倍並增強嗅覺和聽覺。

人們常說，我們人類只用了全部智力潛能的10％，但現在看來，這個估計是過高了。我們真正能用的可能連1％都不到，說得正確一點應該是0.1％甚至還會更少。

就人腦的複雜性和多用性而論，它遠遠超過地球上的任何電腦。的確，它的數學運算和循序漸進的邏輯過程是非常迅速的。然而，這些能力僅僅代表大腦許多能力的一小部分而已。

人腦和電腦之間的最重要區別在於人腦不只是直線似地逐步工作，而且能同時進行對資訊的加工和綜合，並從中提

出普遍性的內容。人腦在不到一秒鐘的時間內就能識別一個面孔，世界上卻沒有一台電腦能做到這一點。隨著電腦的發展，它能做到從十幾個左右的物體中識別一個像杯子這麼簡單的物體，但就是做到這一點也需要花費幾分鐘時間。可見，我們大腦所蘊藏的潛力是無窮的。

2 快速提升記憶力的法寶

1、where與記憶

(1)載滿乘客的車廂是記憶的寶地

同學們一定覺得很奇怪吧，在人滿為患的車廂裡怎麼能夠讀書呢？至於記住東西，那就更談不上了。實則不然，同學們應該經常聽說過「喧嘩中的寧靜」吧！其實，原因很簡單，儘管在車廂裡人滿為患，但卻全是自己不認識的人，所以你會感覺到非常的「孤獨」。周圍的人和你沒有任何關係，所以不管他們說什麼，你都不用去理會，進而把全部精力都放在你要做的事情上。

所以，儘管你搭乘的是擁擠不堪的公車，也不要浪費這些時間。因為這也是複習的黃金期，尤其是記那些需要死記硬背的英文單字、歷史年代等非常枯燥無味的知識，一定會取得非常好的效果。你可以一邊留心路旁的美景一邊進行記憶知識，要知道，這種方法並不是每個人都會享受的。

不過，我們並不提倡同學們在公車上翻開書本來認真地看書，因為這樣的話，一方面會使視力受到負面的影響；另一方面容易感到頭暈。最好的方法就是隨身攜帶一些卡片，上面記一些必須要記住，但又不容易記住的東西，這樣你就隨時可以拿出來複習了，很多考試高手證明，這是一種最為明智而且效果最為突出的複習方法。

（2）創造美麗的記憶「天堂」

有些同學在感到疲勞的時候，喜歡翻翻漫畫書，以此來達到放鬆的目的。應該說，這是一種調節讀書氣氛的好辦法，但是，如果你把漫畫書隨便堆放在書桌上的話，對你的讀書就沒什麼好處了。因為胡亂放的漫畫書會分散你的注意力，而且越是記不住心裡就越著急，越是著急，你的注意力就越是沒法集中，最後往往會是這樣，你乾脆放下複習資料，把注意力放在那些漫畫書的情節中。

所以，在平時的複習中，尤其是在默記時，同學們一定要把自己的書桌整理得乾乾淨淨，只需要擺放一些複習要用到的資料就可以了。這樣，你的注意力自然就只能放在複習功課上面，複習的效率自然會提高。其實，在你能看到的範圍內，比如床鋪、玩具、海報等等，都是能夠分散你注意力的因素。所

以，最好將自己的書房簡單化，特別是對於一些女生，平時自己喜歡的那些飾物，這個時候就暫時讓它們委屈一下吧！

如果可以的話，最好還是把書房和臥室分開來，這樣可以提高你的讀書氣氛，也可以讓你很好地休息，在這樣的環境中複習，你的注意力應該會自覺的集中下來，而不需要你三番五次的強迫自己。

複習的時候，也可以在書房中播放一些音樂，因為在進行記憶的時候，柔和的曲子可以促使你在輕鬆的氛圍中讀書。因為，記憶的細胞之間，都有一個小間隔。也就是說，在記憶這個知識點和下一個知識點之間，要有一段喘息的瞬間，而填滿這些瞬間空隙的，就是柔和悠揚的曲子。但是，有一點是你不得不注意的，為了調劑讀書氣氛，而不至於影響注意力渙散，應該播放那些能夠維持頭腦清醒的音樂。古典音樂的拍子變化很少，感覺上比較平淡，不會妨礙記憶，最適合書房播放。相反地，流行音樂的旋律通常都比較快，而且一些歌詞容易讓人想入非非，只適合那種浮躁的人欣賞，如果在複習的時候播放這些歌曲，那可真是百害而無一利了。

（3）浴室或洗手間也是記憶力的「主場」

有位非常有名的火箭工程師經常在自己家的浴室和洗手間裡放一本書，看完一本就換另一本。他說，只要一進到裡面，不管自己喜歡不喜歡，在一段時間內總是自動地拿起那本書看。

事實上，用這種方法看書是很有效果的。因為在浴室或洗手間這樣的地方，不會有人來打擾你，給你的感覺是非常安全的。在這裡面記東西時，注意力會非常的集中，腦筋運轉也比較靈活，所以記憶的效果也會非常的好。

這種方法如果用來記憶那些比較難的知識，一定會收到良好的效果。因為，浴室和洗手間都是我們經常要去的地方，如果在那兒放一本書，一旦進到那裡就自然地會拿起書來看，而且在這麼一個特殊的環境中看書會對你的大腦產生一種魔力，讓你記憶力倍增。

2、when與時間

（1）限定時間的記憶效果好

不知道同學們有沒有這樣的經驗，同樣是背一首詩或一首詞，如果你讓自己在一天內背會，那麼你就真的需要一天才能

將這首詩（詞）背下來。但如果你限定自己要在兩個小時內背會，你就會發現自己的記憶力也是驚人的。

之所以限定時間會提高我們的記憶力，那是因為我們「逼迫」自己的大腦進入「背水一戰」的局勢，這時候，我們頭腦的全部機能就會開始集中活動，注意力也變得非常的集中，所以這時的記憶效率是非常高的。

我們複習功課時也是這樣的，幾頁書的內容同學們可以用一個小時就背下來，但也可能得背一個上午，而且效果還不是很好。究其原因，就是我們沒有給自己限定一個時間。

所以，請你珍惜並好好利用自己的時間，你會發現自己無時無刻都可以記住很多的東西。

（2）勞逸結合記憶效果好

當我們跑了一段路程以後，一定需要停下來休息的，那是因為我們消耗了不少的體力。同樣的道理，當我們的大腦在工作了一段時間後，也消耗了不少的腦力，所以，我們的大腦也需要休息，才能繼續地工作。其實，我們的大腦就像一個水杯，當水裝滿時，如果你非要繼續裝，那麼水只會往外溢出，如果你給大腦幾分鐘的休息時間，它就會自覺的把

這些水消化掉。所以，在我們珍惜時間的同時，不妨也適當的「奢侈」一點，給自己留出一些轉身的餘地和空間。

有的同學為了提高自己的成績，強迫自己開夜車，完全不考慮自己大腦的工作習慣，這樣一來記憶效果當然會越來越差。前面我們已經介紹過開夜車的害處，在此我們還是要強調一下，其目的是要同學們認清這個錯誤觀念。特別是考試的前幾天，很多同學都會感到非常的緊張和不安。這時，千萬不要以睡不著為理由而強迫自己開夜車，如此一來，讀書沒有效率是小事，如果發生「車禍」，那問題就嚴重了。

當然了，如果你覺得自己狀態非常好的話，可以適當的延長自己的複習時間。但如果你感覺到大腦已經出現飽和的時候，就要果斷地放下書本，讓自己休息一下。十分鐘以後再重新打開書本，效果一定會更好。

（3）第二天早晨再回溯一下前夜記的知識，可以提高記憶效果

德國的一個心理學家做過一個實驗，結果發現：一個記憶完整的東西，經過半個小時後會忘掉42％，一小時後忘掉56％，九個小時後忘掉64％。所以我們的記憶不會維持很長的時間，只有及時複習，才能鞏固我們的記憶成果。

有的同學晚上精神好，背了很多知識，當時感覺也記住了，但等到第二天到學校的時候，卻發現又忘掉了不少。所以，我們建議在早晨起床後，把前夜背過的那些知識再看一下。因為在睡覺的時候，我們的記憶也會喪失一些，但如果你及時地複習一下，這些知識將會深深地印在你的腦海裡。

（4）半夜醒來睡不著時記憶力特別好

即將面臨考試，有的同學可能因為緊張，在睡到半夜的時候突然醒來，然後怎麼睡也睡不著了。這時，你不妨拿起枕邊的書本翻翻看，一直看到自己想睡的時候再放下書本。這種方法有一個好處，那就是你不用再惦記著早上起來後再複習一遍了。

如果你已經養成了半夜醒來看書的習慣，可以堅持下來。但千萬不要刻意讓自己那樣做，因為白天才是讀書的最佳時間，而且也和基測的時間吻合。

3、尋找記憶的規律

（1）用邏輯記憶

不知道同學們有沒有遇到過這種情況：當你一口氣讀完幾頁書時，然後把書合起來，再仔細回想一下書本中的內容，卻發現一點印象也沒有。

那麼，這書是不是白看了？事實上，真的可能是白看了，因為你在看書的時候並沒有用心，你的注意力並沒有完全集中在自己所看的書本上。雖然你的眼睛是盯著書本看的，但心裡卻沒有對書本上的知識進行思考，而是心不在焉地在讀，正所謂「身在曹營心在漢」，用這種方法看書，就算讓你再看上十天半個月，你還是不知道裡面都是一些什麼內容，更談不上提高複習效率了。

所以，當你在記憶知識的時候，一定要讓自己左腦與右腦對談。在看書的同時還要對書本上的知識進行思考。只有這樣做，你才能和書本上的知識進行互動，否則誰也不理誰，那就只有讓時間白白的浪費掉了。

（2）仔細觀察、找出特徵、留下記憶線索

　　書本上的很多知識表面上看並沒有什麼特點和規律，所以，要記住它們只能多花時間，而且也忘得特別的快。其實，很多的知識，不管它有沒有特徵，只要我們啓動腦筋，沒有特徵的東西我們也能夠替它們找到特徵，並讓這些特徵成爲我們記憶的幫手。

　　比如日本富士山的高度是12365英尺，一眼看上去，這是個很複雜的數字。如果讓你一下子記住它，你一定會覺得很心煩，所以只能強迫自己多花時間死記下來。其實，你不用煩惱，只要你仔細的觀察，就會一下子找到這個數字的特徵，這樣你就能很快而且非常輕鬆地把它記下來。那麼，到底是什麼特徵呢？你可以這樣想：「1年12個月，共有365天」。

　　現在，你記住富士山的高度了嗎？

　　（參照陳光老師《改變學習方式，改變一生》。）

（3）　理解是提高記憶力的關鍵

　　「理解萬歲」──當你眞正理解一個人的時候，你和他溝通時就會覺得非常的輕鬆、自在，所以你們一定會成爲無話不談的好朋友，並且就算日後分手，你也一定會對他銘記在

117

心。如果你不理解一個人，雖然你和他曾經交往過一段時間，但你還是無法和他進行溝通，而且一旦分開之後，你一定會很快的把他忘掉。

在考場上也一樣，你可能經常碰到這樣的事情，有個題目需要用到書上的一個公式，你卻一下子想不起來，這個時候，你可能就會說：「這個笨腦子又給我惹禍了。」其實，你真的冤枉你的大腦了，因為你的腦子並不笨，而是你沒有真正理解這個公式的內容。沒有理解的東西，很快就會忘掉，或者在關鍵的時刻忘掉，那都是很正常的事。

有一位著名的心理學叫家巴塞德，他曾經對學歷史的大學生做過實驗。結果發現，能夠深入瞭解歷史事件之間因果關係的學生，比只是單純記住歷史事件的學生要記得準確和長久。這說明了什麼？理解可以幫助我們更好的記憶。

所以，同學們不要總以為自己的記憶力有多差，因為在你沒有對自己所學的知識理解之前，再好的記憶力也記不了多少，就算記得快，忘得也快。但如果你理解了之後，你不想記住都難。

怎麼樣？你是不是覺得這些道理很有趣？很有意思？其實，有意思的何止這些，請接著往下看吧！

（4）總結是記憶的延續

　　總結是我們吸取教訓和培養經驗的重要手段。如果沒有總結，你可能也學到很多的知識，但是你也會忘掉不少的知識。

　　書本上的知識當然是很複雜的，既然有複雜的東西，考試的時候，命題者就不可能只出簡單的題目。就算是基礎題，他們也不會忘了跟你玩一些小小的遊戲，給你設置一些陷阱讓你鑽進去。那麼，你該怎樣應付這些呢？當然不用擔心，所謂「上有政策，下有對策」，接招也應該有接招的水準吧！

　　當然，水準不是吹牛吹出來的，也不是胡思亂想想出來的，而是練出來的，總結出來的。什麼是練？什麼是總結？一個「練」字不知誤導了多少同學，並為此而讓很多的同學陷入題庫，不能自拔。那是因為我們的同學缺少了總結，每當「練」了一段時間以後，能不能停下來再回頭看看？總結一下自己到底得到了什麼？這都是比較關鍵的問題。

　　總結，除了自我總結之外，不要忘了向老師學習、向比你優秀的同學學習，總有一天，你也會成為別人讀書的榜樣。因為，總結的過程是不斷進步的過程，只要你不斷的進

步，在基測的考場上你就不難找到一席之地。

4、如何「加工」需要記憶的知識

（1）挑重要的知識先背下來

不知道同學們吃飯的時候，是先挑好吃的吃掉呢？還是抓住什麼就吃什麼？放心，我們這裡不是在做什麼調查，所以你絕對可以放心大膽的實話實說。

如果你不願意說的話，那我還是先「坦白交待」吧！通常情況下，如果是我一個人吃飯的話，那些好吃的東西一定是先行一步到我的肚子去報到的，而那些「雞肋」的東西，就只能先委屈它們了。這種習慣可能算不上什麼好習慣，但如果將這種習慣「照搬」到讀書方面，特別是應付基測複習的時候，那可真是勢如破竹了，你絕對可以憑著感覺就能將考題的趨勢摸得八九不離十。

必須肯定，「挑好的先吃」是應對基測的王牌複習法，只要你掌握了這個原則，你就不會在茫茫的題庫中迷失了方向。

當然，在一盤「大雜燴」面前，你可能一時分不清什麼是好吃的，什麼是不好吃的，所以，可能會暫時出現「停杯投箸

不能食，拔劍四顧心茫然」狀態，但只要你能夠靜下心來，排除浮躁的雜念，腳踏實地的尋找線索，摸清規律，不斷的搜集、整理資料，相信你很快就會練就「火眼金睛」的本領。

（2）重要的知識用藍筆寫下或畫線

心理學的研究成果告訴我們，用藍筆在重要的知識下畫線，可以讓我們加深對知識的印象，並增強記憶力。

當然，同學們也可以把自己認為重要的知識用藍筆抄在一個本子上，在抄的過程中，不要以為你已經記過一遍了，要保持左右腦對談。而且用藍筆抄下來，重點的知識看起來會非常的明顯，記憶的效果也會提高很多。

為什麼用藍筆，因為紅筆可留下來更正錯誤。人類對紅色特別注意的原因，大家都知道，在交通標誌方面，我們常用紅色代表危險信號，包括其他的警戒線也一樣。所以，用紅色可以時時警示我們，這些可能是基測考場上「地雷」的多發區。

（3）透過已知的詞句，同音變義來加工知識點

我們的國語可以說是非常豐富，而且妙趣無窮，同一個音可以是不同的國字，而且有著不同的意義。這一點可以說讓學習中文的外國朋友頭痛不已，但對我們來說，那可真是我們的驕傲了，因為國語的特點替我們提供了一個記憶知識的極好辦法。

例如，馬克思的生日是「一八一八年五月五日」，我們可以把這個知識點記作「馬克思一巴（八）掌一巴（八）掌，打得資產階級嗚嗚（五、五）地哭」。這樣一來，同學們不僅很快就記住了馬克思的生日，而且也記住了他是推翻資產階級的偉大革命領袖。

同學們可以用這種方法來記住那些零散的、晦澀的、難懂的、枯燥的並且沒有任何關聯的知識。

（4）把要記的知識變成七字歌訣來記

在記憶學上，七是個很重要的數字，人類的大腦，一次不能記憶超過七個獨立資訊。

七字之內的詩歌讀起來朗朗上口，給人的感覺是文字與藝術結合的美感，大家都非常喜歡背詩，也覺得很容易背。所以在記憶知識時，我們可以把要記住的知識點編成一首詩，這樣

的話，我們就可以把原本並不好記的知識輕而易舉的背誦下來了。

比如，中國悠久的五千年歷史，有很多朝代。要讓同學們一下子記住這些朝代是非常困難的，更別說還得按照它們的先後順序記住了。但是，如果我們把它們按先後順序編成一首詩，那就非常的好記了，請看：「夏商周秦西東漢，三國兩晉南北朝，隋唐五代北南宋，元明清朝和近代。」

5、記憶所需要的經驗

如果讓同學們畫出德國或者瑞士的地圖，你的第一個反應可能是太難了。但是如果讓你畫出義大利的地圖，你很可能就會興致勃勃的拿起筆就把它畫出來了。為什麼呢？這回你的反應應該比我還快了，因為義大利的地形就像一隻長統靴，而長統靴的形狀恰恰是你比較熟悉的事物，所以，舉凡看過義大利的地圖的同學們就能很輕鬆地記下來。

我們為什麼要舉這個例子？難道今年的基測要讓同學們畫地圖不成？後面的問題我們當然不好回答，但前面的問題卻是我們要向同學們解釋的，其實，這也是我們對知識進行記憶的一個規律。

123

從上面的這個例子我們可以看出，如果我們把要記的東西和自己已經掌握了的知識關聯起來，就可以使我們在記憶新的知識時，達到事半功倍的效果。

其實，知識和知識之間有很大的內在聯繫，而我們的記憶也不是散亂和孤立的，而是形成一個密切的關係網絡。

所以，同學們可以利用原有的知識記憶新的知識。

（1）把要記的知識和愉快的事情聯繫起來

專家學者曾經做過這樣的調查：以「我印象最深的一件事」為題讓學生寫一篇作文，結果發現絕大多數的學生寫的事情都是愉快的事情。這個調查的結果告訴我們，在我們的腦海中，快樂的事情能使我們記憶長久。

精神分析學家佛洛伊德曾說：「威脅自己的事，會被無意識的世界所壓制，很難上升到意識世界。」他說的意識世界就是我們平時經常可以想起、回憶起的內容。悲傷或痛苦的事情很難進入到意識世界，我們很快就會把它們給忘記，只是在特定的情況或特定的場合下才會想起。

所以，我們在記憶新的知識時，應該盡力讓這些知識和自己所經歷過的快樂的事情聯繫起來。這樣的話，只要一想起這

些快樂的事情，你要記的知識自然也就一起出現在你的腦海中了。比如有的同學第一次學做菜的時候，很可能會把白糖當成鹽放到炒鍋裡，等到你品嘗的時候卻發現菜的味道是甜的。這時你可能會扮著鬼臉笑笑說：「噢，那是糖，不是氯化鈉啊！」這件事在你的腦海中一定會保存很長時間的，這樣，你就會把關於氯化鈉的物理性質和這件好笑和有趣的事情的記憶聯繫起來了。

（2）把歷史上的人物和自己身邊的事聯繫起來

如果你是台南人，下面五個人物當中，哪個是你最熟悉的人呢？蘇格拉底、富蘭克林、陳水扁、朱元璋、柯林頓。我想你一定會毫不猶豫的脫口而出——陳水扁。原因非常簡單，因為陳水扁就是台南人，而你和他當然就成了老鄉。

之所以歷史上的很多人物我們都很難記住，那是因為他們離我們生活的年代太遙遠了，我們對他們的瞭解也不是太多。要記住他們的最好辦法就是把他們拉到我們的生活中，這樣他們就成了和我們一起生活的人，這樣一來，我們當然就很容易記住他們了。

（3）把那些很難記住規律、定理和我們的現實生活聯繫起來

物理、化學和數學中有很多抽象的規律、定理，這些知識非常重要，是非記住不可的。很多同學儘管感覺很痛苦，但還是強迫自己花很長的時間記住這些知識。結果往往是，好不容易記住的東西，過不了多久就全忘了。

　　這些知識很難記住的原因就是它們太抽象，距離我們的生活還有很大的距離。所以，要記住這些知識跟背天書根本沒有什麼差別。

　　那麼，到底怎麼辦呢？如果你要讓這些知識自己孤立起來的話，當然沒有什麼好的辦法來應付。但如果你將這些知識和我們的現實生活聯繫起來，進而把它們具體化、形象化，這些「天書」就會露出廬山眞面目了，這樣記憶起來一定會既輕鬆又有趣。比如，要記住水和冰的密度到底哪個大，你就可以這樣聯想：一個水缸如果裝滿了水，到了多天時，水缸就會被凍裂，那是因爲冰的密度小，所以同質量的冰比水的體積要大，這樣，自然就會把水缸給脹裂了。

6、如何發動身體的各部位參與記憶

(1) 一邊翻譯一邊寫可以提高記憶力

在背誦知識的時候，同學們可以一邊用腦子翻譯成自己知道的，一邊在紙上把要記住的東西寫下來。當你翻譯過後，這些知識就會自然而然的印在你的腦子裡，有時候即使你背不出來，卻能很快地寫出來。

這種記憶方法正是我們把一部分注意力放在翻譯的過程中，啟動大腦的已知邏輯，才能把多種資訊結合起來，使得我們的記憶更加深刻。

(2) 利用聽覺，把要記住的知識讀出聲來

目前，很多學校都要求同學們上早自習，而早自習就是要求大家對自己要記住的知識大聲地朗讀出來。或許你從來沒有想過，老師為什麼要求同學們大聲的進行朗讀呢？

因為當你大聲的朗讀這些需要記憶的知識時，你的舌頭和喉嚨都對這些知識進行了「觸摸」，進而成為你記憶的線索。而且，當你聽到自己既熟悉又陌生的聲音時，那種感覺是非常有意思的，聲音的抑揚頓挫，音量的大小變化都可以

幫助你記憶。但是切記，不要無意識的碎碎念。

有個著名的歷史學家，在他上中學的時候，每當遇到需要背誦功課時，他都會跑到附近的山頂上大聲朗讀。山谷的回音就成了他最好的共鳴，於是記憶的效率就非常高。當然，不是每個人都能找到這樣的環境的。不過在同學們的身邊還是有很多適合大聲朗讀的場所，比如公園、河邊、廣場等等，尤其是在考試的前段時間，找一個這樣的地方是非常有利於複習備戰的。

（3）閉上眼睛進行記憶效果會更好

同學們可能都有過這樣的經驗，當你被某個知識點卡住時，只要你閉上眼睛仔細的想一想，就能夠輕鬆地回想起那些已經在腦海中存封起來的知識。

因為閉上眼睛後，視覺上的刺激和外界的很多事物就不能進入我們的大腦了，這樣就減少了很多的干擾因素。我們的注意力就能夠高度的集中，所以能很快地把這些知識記住。

可見，閉眼這個動作已經成為我們又一個記憶的線索。

所以，在考場上當你碰到一時想不起來的內容時，可以把眼睛閉上，讓自己平靜下來，再慢慢地回想，這個時候，奇蹟

往往就會發生了。

7、增強記憶力的竅門

記憶力是我們大腦的一種功能，這種功能也是我們生下來就有的。但是我們的記憶力也是可以透過各種辦法來訓練並得到提升的。

增強記憶，有時候需要自信，有時候需要一種神聖的使命感。

在司湯達的小說《紅與黑》中，當女主角朱莉安受人之託傳送一封很長的信時，為了防止中途出事，於是她把整封信的全文都默記在心中。託信的人問她：「妳真的能完全記住嗎？」朱莉安回答說：「只要我不怕忘記，就記得住。」事實上，朱莉安也記住了那封長信的內容。

那麼，我們怎樣才能像朱莉安那樣，快速並準確的牢記那些重要的知識呢？下面幾點是同學們應該掌握的方法。

1.必須採取積極的態度。一定要相信自己的記憶力是出色的，在記憶知識時，一定要有誓死拿下的氣勢，並對自己暗示：「我的記憶力是最好的。」用這種方法來鼓勵自己，

你就能夠戰勝自己的怯懦和不自信的心態。事實上，只要你做到這一點，你的記憶力就一定不會讓你失望的。

2.要擁有成就感的心理。如果讓你去背誦圓周率小數點後面的那些數字，當然會讓你覺得痛苦不堪，因為那些數字除了沒有任何的規律，而且比較枯燥外，關鍵是就算你記住了這些東西也沒有多大的用處。但我們書本上的那些知識，只要你能夠記得差不多，考試的時候你就會達到「下筆如有神」的境界，高分自然就會漸漸的向你靠近。只要考取了高分，自然增加了自己的成就感。所以在記憶時，請你一定要時刻提醒自己，記憶的背後是很多人都夢寐以求的成就感。

3.要學會運用科學的記憶方法。一些科學的記憶方法，剛開始使用時可能會覺得有點麻煩，比較費時，但只要你掌握了這種科學的記憶方法，並能夠熟練的運用，就會讓你在記憶時，達到事半功倍的效果。

8、如何練就敏銳的觀察力

前面我們已經提到過，觀察力對提高記憶的效果有著非常大的作用。因為如果你具備敏銳的觀察力，就能使你很快地發現知識本身的特點，並將這些知識很快的記下來；觀察能力強

還有一個好處，就是幫助你更快地把要背誦的知識熟記，而只要你熟記了這些知識，背誦起來當然就不會有什麼問題。

福爾摩斯之所以成為令人佩服的破案高手，因為他總可以根據對現場的觀察，發現別人發現不了的關鍵線索。

那麼，你的觀察力又怎麼樣呢？我們可以先來檢測一下：你能迅速地說出自己襪子的顏色嗎？你是否記得爸爸穿什麼牌子的西裝？當你看完電影後，隨著一大堆人往一個出口走，但在不遠處還有兩個出口，你是否能夠發現？

另外，你有沒有這樣的經歷？當你要去一個商店買鐘錶時，卻不知道自己要去什麼樣的商店，在問過別人後，你才發現，那家商店就在自己剛才經過的大街上，而且在那家商店的櫥窗裡還擺著很多的鐘錶呢！

你可以根據上面的這幾個問題判斷一下自己的觀察力到底怎麼樣。如果你對自己的觀察力還不是非常滿意，就請按照我們的方法來練習一下吧！

1.如果你現在是在自己的書房裡面，請你把筆和紙張拿出來，把自己家客廳裡的東西一一寫下來，要盡可能全部都寫出來。然後到客廳仔細地觀察一下，把自己沒有寫下來的

東西再寫到紙上。當然，你也可以用家裡的其他地方做爲自己的練習場所。

2.如果你家和學校的距離不是太遠的話，你可以回想一下，從家到學校都經過什麼地方，比如超市、眼鏡店、書店等等，並把它們一一寫在紙上，要盡可能地寫。然後再實地檢視一下，看看自己寫得是不是很完整，到底缺少了哪些地方，回家後再重新寫一遍。

3.如果你畫畫的技術還不錯，就試著把同學的樣子畫出來。在畫的時候，一定要把他們那些細微特徵給畫出來，到下次見面時再核對一下，特別要注意自己以前沒有留心過的地方。

有的同學會說：「我平時也很注意觀察事物，比如在上學的路上總是看看路的左邊，看看路的右邊，但還是沒有什麼印象。」其實，你並不是在觀察事物，而只是在看東西，在看的時候你的注意力並沒有放在事物上。所以，你雖然看了不知多少遍，但還是沒有留下什麼印象。因此，當你練習觀察力的時候，一定要讓自己用心，只有這樣才能集中你的注意力。

9、如何提升自己的注意力

什麼是注意力？注意力是我們心理活動對一定事物的指向和集中，也就是說在你認識一種東西時，集中精力去思考它。

有很多人，雖然你經常見到他們，但卻始終記不清他們的具體模樣，也不知道他們叫什麼名字，那是因為你沒有認真的注意過他們。

注意力對於記憶力的提升很重要，下面我們將給大家介紹幾種能夠讓自己集中注意力的秘訣，如果你能將這幾個集中注意力的關鍵字結合起來運用，那麼你的記憶力也是驚人的。

1.看。在家裡拿一個小東西，比如原子筆、鑰匙、茶杯、硬幣等等，仔細地看上30秒，然後閉上眼睛，試著準確的把它們的特徵說出來。如果第一次說的細節不是很多，可以再來一次，直到自己能夠說清楚為止。

也可以走到大街上，面對一家商店的櫥窗，盡可能排除任何干擾，注意地看上一分鐘。可以看櫥窗裡商品的數量、品牌、產地、外觀等等。然後轉過身來，試著回憶一下。這

133

樣反覆幾次，直到感覺櫥窗裡的東西已經很清楚地印在自己腦海中為止。

2.聽。當你在家裡的時候，可以打開收音機聽一下新聞，把音量盡量調得低一點，因為微弱的聲音可以促使你集中注意力。聽上3分鐘後，可以嘗試著把你聽到的內容複述一遍。

如果你在噪音很大的街上，也可以讓自己努力地去聽一種自己比較感興趣的聲音，比如汽車的行駛聲、行人的走路聲或商店裡傳來的音樂聲。

當你進行這種訓練的時候，大腦會盡力排除那些你不想聽到的聲音和其他的干擾因素。那些感覺自己頭腦過於「活躍」的同學，可以用這種方法來訓練一下自己的注意力。

3.想。可以從書本上找出三個題目，規定自己每個題目只有 3 分鐘的思考時間，一定要按照你選擇的順序進行思考。這種練習不僅可以使你的注意力集中，而且還訓練了自己在緊張時思考問題的能力。

4.說。當你的精力沒辦法集中，而整個書房又只有你一個人時，你就可以自言自語地說話。透過自己跟自己說話，可以使大腦形成一種刺激，也可以給自己一種積極的暗示，整個房

間除了自己，並沒有其他任何的因素來干擾自己。透過這種訓練，可以讓你打消各種雜念，集中注意力。

　　總之，當你能夠控制自己的注意力時，記住那些重點的知識就應該是一件輕而易舉的事了。

10、有關記憶的幾大忌諱

（1）對知識的一知半解會降低你的記憶效率

　　當我們問路的時候，別人會告訴我們怎麼怎麼走，我們好像是聽明白了，但感覺上還是迷迷糊糊的。接下來我們在尋找具體的路線時，往往會很快就忘記了別人給我們指的那些路線，甚至走著走著又迷路了。那麼，為什麼這麼快就忘了呢？原因很簡單，就是因為我們沒有完全理解別人說的路線，而僅僅是從大體上有個瞭解而已。

　　這些事情告訴我們，要增強自己的記憶能力，必須真正理解你要記的東西。否則你雖然很辛苦地去記了，但最後的結果卻往往讓你失望。

（2）　過飽或過餓都不適宜記憶

當你愉快地飽食一餐後，是不是想立刻投入到書本中？如果你說是並且真的那樣做的話，那麼真的很遺憾，你的這種精神雖然可佳，但選擇在這個時候讀書卻是一點好處也沒有的。

因為剛吃完飯的時候，我們的大腦和全身都處於一種無力的狀態。這時我們的胃部則要上班了，所以它要耗費很多的氧氣。而腦細胞因為缺乏氧氣的供應，自然就會變得很懶散了許多，這個時候應該是我們的大腦情緒最為低落的時候，如果你選擇在這個時候讀書，記憶的效果當然不會如你所願。

所以，吃完飯後，我們所要做的就是讓大腦好好休息，把氧氣盡量地分給我們的胃部。

過飽的時候不適合讀書，過餓的時候也同樣不適合讀書。試想一下，當我們的肚子「咕咕」直叫時，各種好吃的東西都會在大腦中浮現，所以我們的注意力根本無法集中起來，這時的記憶力也是非常低下的。

所以，當你的肚子已經開始「抗議」的時候，最好要顧及到它的感受，先填飽它再說。這一點也給那些不習慣吃早餐的同學警告，千萬不要虐待自己的肚子，否則的話，等於是跟自己過不去了。

（3）過分相信感覺是記憶的大忌

　　大多數的同學可能都有過這樣的經歷，感覺自己已經記住了的東西，在考試時碰到這些知識時，卻又不知從何入手。

　　很多同學都經常犯過這樣的毛病，對於課本上的一個知識點，自己花了很長時間把它記住了，而且自我感覺已經記得很準確、熟練了。於是便認為這個知識點已經深深地刻在自己大腦中，從此就不再複習了。

　　其實，這是我們記憶知識的大忌。你應該知道，就算記得再清楚的東西，也是在當時或以後的幾天裡，並不代表你已經把它永遠地保留在大腦中了，遺忘會隨時隨地的來找你的麻煩。所謂「生於憂患，死於安樂」，當你躺在自己已經記住了的東西上面睡大覺時，自然就會放鬆了警惕，遭到襲擊的可能性就會大一些了。所以，不管你把那些知識熟練到什麼程度，最好還是懷著一顆「居安思危」的心態去認真的複習，有點憂患意識應該是沒有什麼壞處的。

（4）沒有選擇的盲目記憶不利於提升記憶力

　　當你掌握了很多增強記憶力的有效方法後，一定會認為

自己已經拿到了一把記憶的利劍，高興砍什麼就砍什麼吧！但你是否想過？在浩如煙海的知識殿堂裡，你砍到什麼時候是盡頭呢？

其實，在運用這些科學又有效的記憶方法進行複習功課時，你還有一項比較重要的工作要做，就是對記憶的知識進行分類。有的知識是單純的依靠記憶力，這些知識要求我們準確地記下來；而有些知識更需要我們去理解它，要求我們能運用這些知識進行分析問題和解決問題。

有的同學認為沒有記不住的東西，所以就覺得沒有必要再花精力去選擇記憶的知識。這其實是一種盲目的記憶方法，不僅會把自己搞得很累，而且得不償失。比如，如果你用記憶第一類知識的方法去記憶第二類知識，往往會產生這樣的結果：一是好的記憶方法也會失去它的效力，二是即使記下來也不會運用它們，導致遇到有關的題目仍然不會做。

比如，數學的圖形知識和各種公式，物理力學部分的很多知識都是更需要理解的知識，對於這些知識就不能再強調自己的單純記憶了。

第三章 健康全攻略

懂得量入為出的犒賞自己，絕對不是浪費，
而是培養「幸運的持久力」。

——吳淡如

兩天的持續基測，絕對是對你智力和體力的考驗，不但
要考你對一些重點知識的綜合運用能力，更要考你的忍
耐能力。

我們的身體是一個有機的整體，對於這一「革命的本
錢」，不管哪個部位出了問題，都會使我們全身產生不
適的感覺，對心理狀態和讀書效率也將會產生不良的影
響。

在這一章裡，我們將和同學們具體的談一談，面臨基測
時如何保證自己擁有健康的體魄，如何善待我們的身
體，如何讓我們的整個身體都運動起來，如何讓我們的
生命在運動中充滿陽光。

I 瞭解你的腸胃

均衡膳食是保證我們的身體攝入豐富營養的唯一手段，所謂「民以食為天」，想要擁有健康的體魄，必須從善待我們的腸胃開始。

1、不宜濫用滋補品

臨近基測，同學們的營養補充往往成為父母們關注的焦點，因為我們的父母幾乎都知道，無論是基測複習還是臨場考試，體力和腦力都消耗很大，如果營養無法及時補充的話，就會影響大腦的功能、思維和記憶的效率。

正因為營養的重要性是眾所周知的，故我們的父母在迎考期間往往急於求成，所以就會做出揠苗助長的行動來，盲目地給我們大補特補，濫用五花八門的滋補品。

這個時候，各種健腦益智抗疲勞、增記憶的保健品也會抓

住機會席捲而來，興起一浪又一浪的「保健品熱潮」。有的保健品廠商更是奇招百出，不惜斥鉅資精心製作了《天下父母心──200×年考生家長手冊》，在國中的畢業生班親會上免費贈送，人手一冊。其內容包括：關注孩子心理問題、考前應創造什麼樣的家庭氣氛、家長如何克服「考前焦慮症」等等二十多個話題。當然，裡面也穿插著營養專家談考生保健、某某營養保健品怎樣服用效果最好、某某產品暢銷全國乃至全球等等。

這些廠商可謂煞費苦心、處心積慮，很多細節上的問題我們的父母根本沒有想到或還沒來得及考慮，廠商就已經替他們周密地盤算過了。

我們不得不佩服這些保健品廠商的工作確實是細緻到家了，在那「潤物細無聲」的溫柔攻勢下，我們的父母不知不覺就受到了極大的影響，耳根子稍軟的家長已經經不起蠱惑，於是開始撥打手冊上那赫然醒目的熱線電話，接著就鬼使神差地買回了一盒又一盒保健營養品，然後苦口婆心地勸我們按時服用，為我們的考前衝刺「火上加油」或美其名曰「錦上添花」，整個就是保健品廠商安插在我們家裡的「托兒」！

我們父母的這種做法，嚴格說是很不科學的。雖然，考前對我們的身體和大腦所需的營養進行必要的補充是必要的，不應該一概否定保健品，因為基測衝刺的過程確實讓大腦消耗很大，但如果我們的父母沒有做到科學地選擇保健品，並科學地為我們進行考前保健，那麼往往收到的是負面的功效。

　　目前，保健品的種類很多，有些廠商在廣告宣傳時故意誇大其詞，這樣一來，可真令我們的父母目不暇接、不知所措了，而且，整個保健品的種類、品質又是良莠不齊。

　　那麼，究竟什麼樣的保健品適合同學們服用呢？含什麼成分的保健品才適合同學們補充自己的身體和大腦呢？在這點上，你真的千萬不能著急，更不可濫用這些保健品，讓我們先來看一看有一位家長對一些保健品的反映吧！「說明會的家長手裡，每人拎著一個以上廠商贈送的小紙袋……別家孩子服用這些營養保健品後的效果如何，我不得而知，不敢妄加評論。但我的女兒前後服用了我從各次說明會上買回的各類保健品有三種以上，計三千多元，女兒只喝了一兩次就覺得腦子發脹，昏昏欲睡。我只好忍痛將它束之高閣。」

　　營養學專家也認為某些保健品廠商介紹其產品的神奇效果

往往言過其實，所以同學們不必期待那些標榜提神醒腦的產品會產生「特異功能」。相反，過度服用滋補品只會對身體造成傷害。有些同學天眞地以爲喝了所謂的這「精」那「粉」，就不需要注意均衡飲食，這眞是將自己推上了基測考場上的絕境。

世界糧農組織顧問、中山大學何志謙教授認爲，均衡飲食就是最好的營養，考前大補無異於臨時抱佛腳。因爲營養和知識一樣，要靠平時的累積，等到考前才注意要吃什麼，這實際上是一種錯誤觀念。同學們在這段期間應多注意三餐，均衡搭配餐飲結構，同時少服用那些所謂的營養滋補品。在這點上同學們一定要和父母進行溝通，要讓父母知道，不分藥性地進補保健品，無異於打亂了你的身體平衡，如果你的身體不吸收、不適應的話，可能會導致上火、腹瀉、過敏、感冒等病症。

如西洋參等雖然具有很好的滋補作用，且西洋參跟口香糖一樣，可隨身攜帶，想吃就吃，但並不是說只要吃下去，你的免疫力就會提高，從服用到在身體內產生作用，至少需要一週到10天左右的時間，尤其是春季氣候乾燥，人容易上火，並不適合進補。

在此我們要提醒各位同學的是，保健品的作用是改善健康狀態，它不是藥品，所以沒有治療的作用。

在增加營養方面，應以日常飲食為主，如果確實需要服用保健品，也要注意用量，不要濫用，要適可而止。可以服用一些維生素，一來可以增強體力，二來也可以補充微量元素。通常來說，按照藥品的推薦量服用，即使是長期服用，也不會出很大問題。因為世界衛生組織對維生素有一個推薦量的標準，因此，只要按照醫生呵囑或產品說明書服用，應該是安全的。但如果你滋補心切，大量服用，就會引起維生素中毒，進而導致一系列不良的後果。

總之，基測前的保健是一個綜合性的保健，不僅包括飲食、補養，更需要心理的調適與放鬆。

因此，讓你的身心都得到良好的調適，是考前重要的環節，不要讓自己背上太多的包袱，要讓自己遠離考試綜合症，這一點其實比保健品的威力要強很多倍。

2、保證餐次，均衡膳食

餐次要保證，即一日早、中、晚三餐，一餐也不能少，不能一日只吃兩次或者暴飲暴食。考試專家指出，要使自己保持最平靜的心態，飲食保證有規律是重要的前提。

首先，要重視早餐。1995年，在美國舉行的全球早餐會議上，各國營養專家對全世界的早餐研究結果進行了嚴格的評比與測試，結論是：吃早飯有利於增進記憶、提高讀書效率和改善日常飲食營養等。

早餐必須具備三個條件：一是要有足夠的水分，二是要有足夠的能量，三是要有足夠的蛋白質。尤其一個重要的原則是一定不可缺少主食，即必須要有適量的米飯或麵食墊底，不能只攝取牛奶、雞蛋，否則對健康也是十分不利，因為人體能量主要來自於攝取的大米、麵食等主食，多吃些魚類、肉類的食物也是可以的，但這些食物只能補充人體所需的蛋白質，而大腦思維主要依靠的是葡萄糖，只有主食才能轉化為葡萄糖，如果你不吃主食，不僅會有飢餓感，而且還會影響到大腦的思維能力，這就需要我們每天要攝取一定量的主食，並且要盡量做到粗細搭配得當，這樣才會有助於消

化，如小米綠豆粥、白米加細小玉米仁、全麥麵粉饅頭、麵條
等。

下面，我們為同學們提供兩套早餐搭配的實例，可供參
考：

第一套：牛奶、玉米餅、雞腿、糖醋黃瓜、草莓、核桃
（2個）。

第二套：優酪乳、小籠包、里肌肉、生菜沙拉、香蕉、腰
果仁。

當然還有其他的搭配，同學們可根據自己的實際口味搭配
豐富的早餐，以保證其營養需要。

其次，午餐要吃得飽一些。中餐是一天中最重要的一頓
飯，既要補充上午緊張工作所消耗的能量，又要保證下午工作
的能量需求。因此，中餐的原則是：提供足夠的熱量和營養
素。

再次，注意晚餐的原則。晚餐的原則有三，一是保證輕
鬆、和諧的氣氛；二是和中餐一樣，要提供足夠的熱量和營養
素；三是不要讓自己吃得太飽。

　　原則上我們並不提倡同學們熬夜複習功課，但如果你已經養成了習慣，而且一下子也改不過來的話，那麼，可以適當在晚上加餐，並盡量做到少量多餐，這樣既保證了能量的攝取，同時也避免了飽食後的困倦。有熬夜習慣的同學應盡量少吃零食、少喝咖啡，零食和咖啡雖能暫時提神，但會加速消耗維生素B群。

　　攝取太多的糖還會刺激胰島素大量分泌，使血糖急速降低，影響中樞神經活動，會更加昏昏欲睡。不少女生，尤其是處於生理變化不穩定的女生，喜歡以吃甜食來放鬆情緒。雖然少量的甜食可以帶來滿足感，但食用過量卻容易造成如鎂等礦物質流失，反而會增加緊張。

　　如果熬夜讀書，晚餐最好多吃富含維生素 B 群的食物，如全穀類、瘦肉、肝臟、豆類等，酵母粉也是維生素B群的良好來源。因為體內的糖類、脂肪要轉化成能量，都必須有維生素B群加入作用，協助我們身體內部的新陳代謝。

　　午夜前後是腦蛋白合成的最佳時間，如果長期熬夜讀書，會造成大腦神經營養不良。所以，包括在學校用餐的同學，每週要進食一些瘦肉、雞蛋、豆腐等動植物蛋白3~4

次。睡眠不好的同學，可以在睡前喝一杯溫牛奶，或喝上半碗蓮子大棗湯。有抑鬱症狀的同學，平時可以多吃一些香蕉、菠菜、核桃、雞肉等，因為這些食物裡含有豐富的維生素B群和葉酸，有助於抑鬱症狀的改善。

同時，值得一提的是，吃飯時要專心，要細嚼慢嚥，不可囫圇吞棗，不要邊複習功課邊吃飯，也不要利用吃飯時間看電視等。

3、蔬菜與水果所具備的營養成分

水果和蔬菜含有豐富的營養素及各種維生素和礦物質，還有緩解厭食及便秘的作用。各項研究結果顯示，水果和蔬菜中含有大量的維生素C可發揮直接減輕我們的心理壓力的作用，同時，蔬菜和水果還富含維生素、礦物質和膳食纖維，可使思維更加敏銳、頭腦更加清晰。所以同學們在日常的餐飲安排中，應大量攝取諸如草莓、洋蔥、花椰菜、菠菜、水果等富含維生素C的食品。

即將面臨考試時，同學們最好保證每天吃2種水果，約500克左右，蔬菜應每天保持300克～400克（要保證蔬菜的新

鮮）。在眾多的蔬菜和水果中，綠色和橙黃色是最佳食物，可以多食用。比如菠菜、胡蘿蔔可增強記憶力，洋蔥能改善大腦供血，幫助同學們集中精神，這類食物可適當增加一些。但是，粗纖維的蔬菜應盡量少吃，如果半時沒有經常吃的話，考前就不要突然增加。

4、讓身體保持充足的水分

水具有調整體內物質代謝的作用，是血液的主要成分，不斷將氧氣和營養物質輸送到大腦，又不停的將代謝廢物帶走，進而使頭腦思維更加敏捷、反應加快、精力充沛，所以同學們一定要保證每天適量的飲水，開水自然降溫至25度為最佳飲用水。切忌以喝飲料代替喝水，最好多喝白開水，礦泉水和純淨水也可以多喝些，不要等到口渴了才想起來要喝水。如果出汗過多的時候要注意補充適當的鹽分，這時可以適量的喝一些淡鹽水，把失去的鹽分補充回來。

充足的水分可確保血液循環的順暢，這樣大腦工作所需的氧氣才能得到及時地供應。一些含糖的飲料在吃飯前最好不要吃，因為這樣容易產生飽足感，會影響用餐時的食量。

考試之前可以喝一些茶及咖啡，但不要太濃，因爲濃茶及濃咖啡都有興奮的作用，會適得其反，影響睡眠品質。

　　特別要注意的是，同學們在考試期間千萬不要喝咖啡，因爲咖啡因的作用會使人產生頻尿，進而影響到你的臨場發揮。

2 瞭解你的眼睛

眼睛被稱為「靈魂之窗」，但目前國三學生的近視比例達80%，而且，有些同學的近視度數還在不斷的升高，這確實是一件不甚樂觀的事，也是一個不容忽視的問題。而國中是同學們用眼強度較大的一個階段，如何保護好我們的眼睛，善待我們的「靈魂之窗」，對於同學們來說也是舉足輕重的。

1、注意用眼衛生

目前視力不足已是造成考生專業受限的最主要原因。據瞭解，視力不足的考生限報飛行、輪機等專業。就是由於視力原因，造成大多數同學與自己填報的志願失之交臂。其中，很多學生就是由於平時沒有注意用眼衛生，養成了不良的用眼習慣所導致的。因此，請同學們為了自己的前途，一定要加倍呵護自己的眼睛，以免給未來留下太多的遺憾。

那麼，怎樣才能保護好自己的眼睛呢？下面幾點請同學

們認真做到，並主動的監督自己。

（1）正確的讀書姿勢

這應該是老生常談了，每當讀書寫字的時候，同學們一定要讓自己做到「三個一」，即：握筆時手離筆尖一吋遠、胸部離桌子一拳寬、眼睛離書本一尺遠；閱讀時要做到「三不看」，即：強光、弱光不看，躺著、歪著不看，坐車、走路不看。

（2）讓眼睛勞逸結合

勞逸結合是任何讀書與工作都必須遵守的原則，體力勞動是這樣，腦力勞動亦如此，對視力來說，同樣不容小覷。因為，如果眼睛長期處於緊張狀態得不到調節的話，不僅會導致視力下降，甚至會引起結膜炎、青光眼、近視眼，還容易使人過早形成白內障。

因此，同學們一定要學會科學用眼，定時讓自己放鬆眼睛，比如遠望、閉目、做眼睛保健操等等。

閉目雖然可以產生養神的作用，但卻不是眼部休息的有效方法。每複習半個小時到一個小時時，一定要讓自己先停下

來，向五公尺以外看一看綠色的東西，這樣對於緩解眼部疲勞才是最有效的，比如看一些樹木、草地等綠色物體，有規律地運轉眼球和平視遠處的山峰、頂樓、塔尖、河流等景物，也可以調節眼肌和晶狀體，減輕眼睛的疲勞，改善視力。放鬆眼部時應該注意的是，由於人在看近物時，眼睛是向內、向下看的，所以在休息時，應該盡量讓眼睛向左上方和右上方看。

適當做眼睛保健操也是保護視力的極佳辦法，經常擠按太陽穴、清明穴不僅對眼睛有好處，還有利於緩解大腦的疲勞。晚上溫習功課，當你覺得眼睛發澀，睏乏不堪時，盡量不要靠喝咖啡、茶水來提神，這時，小睡一會兒應該是最好的解決辦法。

在休息的時候，應該讓自己走出戶外，欣賞大自然的美好景色，或到體育館或健身房鍛鍊身體。這些活動可以讓同學們身心得到放鬆的同時也讓眼睛得到了充分的放鬆。

在複習功課的時候，如果出現「酸、澀、痛、脹」等狀況，其實，這是你的眼睛在向你提出警告，告訴你應該休息一會了，此時如果你仍持續過度使用眼睛，你的視力將會快速下降，不適的症狀也會越來越嚴重。

（3）正確使用眼藥水和佩戴隱形眼鏡

在基測備戰期間，同學們可能面對各式各樣的壓力，所以總是不由自主的拿起書本。而這個時候最受罪的應該是我們的眼睛了，畢竟，當你拿起書本的時候，你是不可能閉著眼睛的。我們並不提倡同學們用眼過度，但如果萬不得已，而且眼睛又感到非常疲勞時，這個時候應該怎麼辦呢？同學們可以給自己準備一些眼藥水，當你感到眼睛疲勞的時候，滴上幾滴眼藥水，對於緩解眼睛疲勞將會有一定好處，甚至會使你的眼睛倍感清爽。但很多同學在使用眼藥水時，往往因為方法不當而造成了不良的後果，下面我們將向你介紹使用眼藥水時應注意的事項：

1.使用眼藥水時，每次只需要點一滴就足夠了。每滴眼藥水的量約為30微升（25至35微升），而我們眼睛的結膜囊內可貯存的容量平常只有7微升，所以點眼藥水時最多也只能增加至30微升。如果你一次點好幾滴的話，只是徒增浪費而已。

2.眼藥水通常都含有防腐劑，太過頻繁的使用會對眼球表面造成傷害。配戴隱形眼鏡時，也應盡量避免使用藥水。

3.不要隨便點用眼藥水，而應遵守醫生的囑咐。

4.點完眼藥水後應該將眼睛暫時閉上，因爲眼皮眨動會增加藥水排泄的速度，每眨動眼皮一次，約有2微升的藥水經由眼淚管排泄掉。如果你點完眼藥水後閉目養神三分鐘左右，就可以增加眼藥水與眼球接觸的時間，具有促進藥效的功能。

5.點完眼藥水後按住內眼角可以減少副作用。因爲藥水會經由鼻淚管流往鼻腔與喉嚨，被黏膜上皮所吸收，經血液循環至全身，可能引起全身性的副作用。而有些眼藥水會有令人難受的味道，點完後，按住內眼角3分鐘左右，可以避免藥水經由淚孔流入鼻淚管。

6.不同種類的眼藥水不要同時使用。因爲眼淚循環會在5分鐘內將點入的眼藥水排泄掉，如果一定要使用兩種藥水的話，可以將一種藥水點完5分鐘後，再點入另一種，才不會把先點入的藥水給稀釋掉。

7.如果你同時使用藥水及藥膏時，應先使用藥水再使用藥膏。

8.皮膚科或外科的藥膏會對眼球產生毒性，所以非眼科專用的藥膏請不要點在眼睛上。

9.眼藥水請不要放置於高溫、高濕或陽光直射的地方，而有些眼藥水則需要放置於黑袋中才能避免變質。如果開封後發現藥水顏色改變或有渾濁沉澱物產生則千萬不要使用，應該果斷的處理掉。對於未開封的眼藥水，在點用前請同學們先查看一下是否還在保存期限內。

10.有些眼藥水是以懸浮液劑型製成的，所以請同學們在使用前將藥水搖晃幾下，使之變得均勻。

11.點眼藥水的具體時間一定要按照說明書進行或者向醫生詢問，因為有些藥水在固定的時間使用才能發揮最大的效益。

12.使用藥水後，若有任何異常情況應及時向醫生反應，以確定是否為正常現象。

有些同學由於長期不注意用眼衛生，加上複習的緊張和用眼時間的延長，很容易導致視力下降，進而形成近視，或本已是近視的學生，使度數越來越高，鏡片越來越厚。

值得一提的是，患有高度屈光不正的同學（600度以上）要注意視神經性變，一旦患有目前還不能有效治療的近視，一定要定期到專業眼科醫院進行檢查，並配戴一副合適的眼鏡，控制病情進一步加深。

　　目前，校園內的學生配戴隱形眼鏡也開始蔚然成風，但因此對眼睛引起的負作用也不得不讓我們擔心，因為隨著配戴隱形眼鏡時間的延長，眼睛開始患有各種類型的疾病，如：沙眼、角膜炎、虹膜炎等，而這些疾病又進一步影響了這些同學的視力。

　　據日本順天堂醫科大學的眼科專家們研究發現，角膜的病理變化程序與隱形眼鏡的透氧性、配戴的鬆緊以及配戴時間長短均有密切關係。另據國外最新資料顯示，目前世界上還未研製出真正適合人類長期配戴（即連續過夜配戴）的隱形眼鏡，也就是說目前市場上銷售的「長戴鏡」、「周戴鏡」等，也都僅侷限在白天使用。

　　人的角膜所需的氧氣主要來自於空氣，而空氣中的氧氣只有溶解在淚液中才能被角膜吸收與利用。白天睜著眼，氧氣供應充足，並且眨眼動作對隱形眼鏡與角膜之間的淚液有一種排吸作用，能促使淚液循環，所以缺氧問題不會很明顯；但到了夜間，因睡眠時閉眼隔絕了空氣，眨眼的作用也停止，使淚液的分泌和循環機能相對減低，結膜囊內的有形物質很容易沉積在隱形眼鏡上。諸多因素對眼睛的侵害，使眼角膜的缺氧現象加重，如長期使眼睛處於這種狀態，輕者

會代償性使角膜周邊產生新生血管，嚴重則會發生角膜水腫、上皮細胞受損，若再遇細菌便會引起炎症，甚至形成潰瘍。

如果配戴隱形眼鏡的時間過長，會導致角膜缺乏氧氣，時間一久，容易引起各種炎症。因此每天佩戴隱形眼鏡的時間不宜過長，最好控制在6個小時以內。

所以，同學們千萬不要盲目的追隨「流行」，因為隱形眼鏡對我們的眼睛真的沒有什麼好處可言。如果非戴不可，最好一週內要有兩天換下來，戴上框架眼鏡，以緩解隱形眼鏡給自己眼睛帶來的壓力。

2、眼睛的食補

保護眼睛，除了平時注意勞逸結合，不要長時間連續看書、看電視，定時做眼睛保健操外，經常吃一些有益於眼睛的食品，對保護眼睛也會產生很好的作用。一些耐缺氧保健品、魚油、含DHA等健腦及增加視力的產品，可以對我們的眼睛產生一定的改善和調和作用。下面我們將向大家逐一介紹：

（1）瘦肉、禽肉、動物的內臟、魚蝦、奶類、蛋類、豆類

等，這些食品含有豐富的蛋白質，而蛋白質又是組成細胞的主要成分。營養學的相關知識告訴我們，組織的修補更新需要不斷地補充蛋白質。

（2）含有維生素A的食物也對眼睛有益，每天攝取足夠的維生素A還可以預防和治療乾眼病。如果我們缺乏維生素A時，眼睛對黑暗環境的適應能力將會大大減退，嚴重時有可能引發夜盲症。

維生素A的最好來源是各種動物的肝臟，而植物性的食物，如胡蘿蔔、莧菜、菠菜、韭菜、青椒、紅心白薯以及水果中的橘子、杏子、柿子等，也都富含維生素A。

（3）維生素C是組成眼球水晶體的成分之一。如果我們的眼睛缺乏維生素C，容易罹患水晶體渾濁的白內障病。因此在平常的生活飲食中，同學們應該多注意攝入適量的維生素C。

富含維生素C的食物主要有各種新鮮的蔬菜和水果，其中尤以青椒、黃瓜、花椰菜、小白菜、鮮棗、生梨、橘子等含量最高。

（4）鈣具有消除眼睛緊張的作用。而在我們日常的食物中，具有豐富的鈣含量的食物也不少，如豆類、綠葉蔬菜、蝦皮、燒排骨湯、松魚、糖醋排骨等，均含有比較豐富的鈣量。

上面我們給同學們介紹這些食物，均對同學們的眼睛具有良好的保健作用。但值得一提的是，同學們在飲食的過程中，切忌偏食，而在均衡營養，只有這樣才能做到既給我們的眼睛提供豐富的營養，同時也給我們的身體提供足夠的營養。

3 讓全身動起來

　　基測複習是一個不斷消耗腦力和體力的過程，而要應付基測，可以說是腦力和體力相輔相成，兩者缺一不可。同學們應該知道，越是緊張的時候，就越不能放鬆對身體的鍛鍊和調整。當然，我們所說的身體鍛鍊指的是放鬆的鍛鍊，而不是劇烈的運動，這一點你應該明白。

　　所謂磨刀不誤砍柴工，忽視了運動，身體出狀況，反而會事倍功半。目前很多同學為了更好的備戰迎考，除了緊張的複習，再也沒有其它的事情可做，大有一刻值千金之感。可是，我們千萬不要忘了，人類也是情緒的動物，誰都有情緒低落的時候，如果在你情緒低落的時候，非要逼著自己去讀文言文、背英語單字和陷入數學「題庫」中，那麼效果也是可想而知的。

　　長時間看書、複習、做作業，會造成大腦皮層和身體某一部位的疲勞。這個時候，如果能夠走出去，做自己喜歡的

一些活動，一定會使自己的頭腦快速的放鬆下來，然後再回來面對書本上的難題，你就會覺得難題其實並沒有你想像的這麼難。

運動醫學專家的研究證明：運動能使大腦處於最初的啟動或放鬆狀態，人的想像力會從多種思維的束縛中解脫出來，變得更加敏捷，因而更富於創造力。同時，運動還能促進大腦中多種神經遞質的活力，使大腦思維反應更為活躍、敏捷，並透過提高心腦功能，加快血液循環，使大腦享受到更多的氧氣和養分來達到提升智力的作用。

1、堅持運動的益處

基測複習期間，進行適當的運動是同學們調整身心狀態的最好手段。那麼，身體鍛鍊對我們備戰基測有哪些好處呢？下面我們將一一向同學們列舉，希望大家以此為動力，堅持以恆。

（1）運動能益智健腦

美國科學家經過多年研究得出結果：經常運動的人，在智力和反應方面明顯高於不運動（或極少運動）的同年齡人。

其實，不用專家們進行專門的研究我們也知道，那些堅持運動的人，不但在體能上優於常人，而且頭腦的反應敏捷程度也並非是那些整天躺在床上睡大覺的人所能比擬。

那麼，運動爲什麼能夠益智健腦呢？

因爲大腦活動所需的能量主要來自於糖，而大腦本身所儲備的糖量極少。食物是血糖的供給源，運動能使人食慾大增，消化功能增強，促進食物中澱粉轉化爲葡萄糖，再吸收到血液中變成血糖，以源源不斷地供給腦神經細胞的需要。因此，運動可以提高人體的血糖含量。

科學實驗顯示，常運動的人，心血管會更具有彈性，血液循環也會更加暢通。運動能使人的血液循環流量比平時高出兩倍，能夠向大腦組織提供更充足的氧氣和營養物質，使大腦活動更自如，思維更敏捷。

運動也是一種積極的休息方式。適量運動時，運動中樞會非常的興奮，可快速並有效地抑制思維中樞，使其獲得積極的休息，使大腦的緊張狀態得到緩解。

有人做過試驗：讓腦子思考的神經連續工作2小時，然後停下來休息，至少需要20分鐘才能消除疲勞，而用運動方

式則只需要5分鐘就能使疲勞很快的消除。說明運動的確能使大腦的緊張狀態得到緩和，防止大腦過度疲勞。

（2）運動可以改善我們的不良情緒

運動可以調整我們的心理情緒，幫助同學們達成良好的心理狀態。透過運動，同學們可以有效地預防和治療神經緊張、失眠、煩躁及憂鬱等神經性不良症，這些疾病（或不良情緒）最容易導致思維不敏捷、注意力減退和反應遲鈍。所以，有人稱運動是很好的「神經安定劑」，它能夠使人心理更健康、頭腦更聰明。有專家認為，20分鐘的力量練習可顯著的改善我們的情緒，20分鐘低強度的有氧運動可減輕我們的焦慮情緒。

所以，在基測複習階段，在情緒經常處於一種波動和多變狀態的情況下，同學們應該積極地參加運動，使沉悶的情緒得以舒暢，心情變得輕鬆，在愉快的情緒支配下，樹立克服困難和挫折的信心，培養積極樂觀、穩定向上的情緒，以利於在基測中發揮出自己的最佳水準。

（3）運動可以提高大腦的工作效率

從生理科學的角度來看，興奮和抑制是大腦皮層的活動規律。譬如當同學們看書複習時，大腦皮層中視力、理解、記

憶、聽力區域的腦神經就處於興奮的工作狀態，如果複習時間過久，這一區域的腦神經就會轉入消極的抑制狀態，使人頭暈腦脹，記憶力減退，理解能力下降，注意力難以集中，進而影響複習的效果。如果複習一段時間後，進行10至20分鐘的運動，使我們的大腦神經得到很好的鍛鍊和恢復，再進行複習，效率就會得到明顯的提高。

總之，科學、適當的運動可以有效增強大腦的供氧量，改善腦組織細胞的新陳代謝，提高大腦皮層中樞的興奮性，促進記憶、思維能力的增強，提高大腦的工作效率，使我們的精神愉悅，保持良好的愉快心情。

2、豐富多樣的運動方式

在給同學們介紹林林總總的運動方式之前，首先要提醒大家的是，同學們一定要根據自己體能狀況合理的安排運動，體能較好的同學運動的強度可以稍微加大一點，對於體能不太好的同學，則應該選擇強度較低的運動方式。同學們應該知道，基測之前進行運動訓練的目的並非是要參加運動會，而是要爲基測備戰保持一個強壯的體魄。所以訓練的目的應該是適度、適時，不提倡太劇烈的、危險性的運動。訓

練不要過於激烈，也不要把自己搞得太累，通常脈搏達到每分鐘120次左右就可以了。比如對於體能不好的學生，鍛鍊可選擇一些強度適宜、輕鬆平緩的項目，如慢跑、游泳、羽毛球、靜坐等。

(1)「懶得動」的學生怎樣運動

有些同學可能讀書很勤奮，但卻懶得運動，有的是從小就一直懶得動，沒有運動的習慣；有的是因為身體比較胖，行動起來比較緩慢和不方便，所以就乾脆放棄。針對這些同學，我們將向大家介紹一些較為簡單而且不怎麼消耗體力的運動方法，而且只要你能夠堅持下去，效果是非常不錯的。

1.仰臥屈腿法：仰臥在地板上，手臂平放身體兩側。兩腿並攏挺直，盡力向上彎曲。使這一姿勢維持6秒鐘，然後恢復原狀。重複3至5次。此法對於消除疲勞、緩解壓力很有效果。

2.倒走先進法：選擇一處空曠的場地，身體直立，雙臂前伸展平，手掌向下。向後倒走3分鐘，然後復原，可以重複做3至5次。

3.握指伸張法：身體直立，雙臂曲肘握拳，拇指在內，四指在外，自小指起依次向外張開，至五指全部張開，手指之間

的距離盡力拉寬。如此，握張一次大約需要5秒鐘，重複做30次。此法對於促進血液循環很有好處。

4.握指呼吸法：身體直立，雙手放置胸前，用右手握住左手的小指和無名指。深深吸入一口氣，分兩次呼出，每次30秒，進行10至20次。此法可使你調適心情，穩定神智，開朗性格。

另外，同學們可以經常做一些簡單的手指運動，這對於不太喜歡運動的同學來說，應該不是太難。手指功能的技巧訓練可促進思維的靈活、健腦益智，如果同學們用健身球進行訓練，則效果將會更佳，比如，用手托著兩個鐵球或者核桃，不停地在手中轉動，長期堅持下去，會產生良好的健腦作用。

對於「懶得動」的同學來說，還有一種很好的「運動」方式，就是讓笑容經常掛在自己的臉上，這種「運動」方式，說難也難，說容易也非常的容易，而且完全取決於你的心情，不需要你消耗太大的體力就能做到。

至於它的功能，你是否已經迫切的想瞭解了呢？笑的魔力眞的非常巨大，劇烈地笑，盡情地笑，就可以達到鍛鍊身體的效果。正如一位著名幽默研究專家所說的：「開心的笑

就像體內器官參加慢跑活動一樣。」

　　如果你聽到一個很有趣的笑話，自己卻沒有笑的話，不僅說明你沒有幽默感，而且還失去了一次鍛鍊身體的機會。根據新的研究結果顯示，經常開懷大笑對身體有很好的調節作用。其實，很多同學也都知道「笑一笑，十年少」的道理，但對於笑與身體的關係可能知之甚少。

　　你知道嗎？100次大笑相當於划船10分鐘或騎自行車15分鐘的有氧健身運動。發自內心的笑可以使血壓降低，心臟病的發病率就會大大的減少，也意味著有心臟病史的人，他的復發的機率就會降低。

　　笑除了能幫助同學們緩和與家人、朋友和其他性格怪異的人的關係外，還能產生內啡肽，抵消壓力荷爾蒙產生的不良反應，幫助你走出孤獨，提高自信心。

　　在我們開心的笑時，心律會加速，肌肉緊縮和身體氧含量都在增加。笑，好比是「體內器官在慢跑」，它可以使同學們不必穿上運動鞋就能讓身體得到運動。所以，請你不要吝嗇，讓笑容經常出現在你的臉上吧！

（2）彈跳運動，效果最佳

　　彈跳運動是一種讓全身都能得到運動的鍛鍊方式。當今的美國流行一句話：「喜歡彈跳運動的孩子，不但發育良好，身體健康，而且智力也會得到提升。」

　　我們當然不提倡同學們也學著人云亦云，人家說什麼好就跟著說好，但如果別人說得比較客觀而且對我們也非常有幫助的話，還是值得我們認可並提倡的。

　　從運動醫學角度來看，凡是有氧運動皆有利於健身、健腦作用，尤其以彈跳運動為最佳。同時，彈跳運動對骨骼、肌肉、肺及血液循環系統都是一種很好的鍛鍊，進而使身體正處於成長階段的同學們長得更強壯、更健康。此外，這種運動對人體免疫系統的重要部分——淋巴系統也很有助益。這對同學們增強對多種疾病特別是感染性疾病的抵抗力將產生極大的作用，其意義將不可低估。

　　彈跳運動之所以如此富有魔力，主要得益於彈跳過程中所產生的振動。醫學研究顯示，人的生命與健康離不開振動。因為人體本身就是由一系列振動系統構成的，如胃有規律的收縮、腸的不停蠕動、心臟的不息搏動、肺的呼吸吐納等。如果同學們常做彈跳運動，將這種「外源性」振動與

「內源性」振動結合起來，健身與健腦的效益就會更加的突出。

下面我們將向同學們介紹幾種彈跳運動，這幾種彈跳運動，做起來都較為簡單、快捷，不需要有複雜的器具與裝備，對於場地也沒有太大的要求，同學們可以隨時隨地的進行鍛鍊。

（1）舞蹈

舞蹈是運動更是一種藝術。鍛鍊身體的方式有很多，但想要既達到鍛鍊目的，又有一定的娛樂性和藝術性，那麼舞蹈就是一個難得的選擇了。跳舞可鍛鍊並提升大腦對外界信號的敏銳度與記憶力。根據調查顯示，堅持讀書舞蹈的學生，其文科成績通常都比較好。

也許諸如跑步、仰臥起坐等運動是比較枯燥的，如果沒有特殊的愛好，很難能夠使我們堅持下去，再加上面臨基測所帶來的壓力並不小，很多同學不免會對這些運動產生厭倦的心理。這個時候，你可以聽聽音樂，身體隨著音樂的旋律舞動起來，讓心情也隨之舞蹈起來。優美、動聽的音樂，不僅能陶冶情操，而且能改善生理機能，促進思維發展，使人注意力集中、想像力豐富。聽聽輕鬆的音樂可使我們體內產生一種叫乙

醯膽鹼的化學物質，這對改善大腦功能、增強記憶均有裨益，同時，聞樂起舞也使身體得到了適度的鍛鍊。

（2）跳繩

跳繩運動被譽為最佳的健腦活動，受到國內外不少醫學家和心理學家的推崇。專家認為，跳繩可活躍大腦，因為人在跳繩時，身體以下肢彈跳和後蹬動身為主，手臂擺動，腰部配合上下肢活動而扭動，腹部肌肉配合提腿，上下肢不停地交替運動。同時跳繩時呼吸加深，使胸、背、膈肌都參與了活動，大腦也得到充分地運動。手握繩頭不斷地旋轉，會刺激拇指的穴位對腦下垂體發生作用，增強腦細胞的活力，提高思維和想像的能力。

中國古代中醫學也非常強調腳的運動，認為腳是人體之根，有六條經脈及眾多穴位在這裡交錯彙集。跳繩可促進血液循環，使人頓感精神舒適，行走有力，更主要是可產生通經活絡健腦和溫煦臟腑的作用。

同學們身為腦力勞動者很容易用腦過度，再加上面臨即將到來的基測，其壓力是可想而知的，而經常跳繩可以促進大腦運動與放鬆。但在進行這個基礎上的訓練時，同學們一定要懂得科學地掌握跳繩活動，根據運動學家計算，每分鐘

跳120次，跳5分鐘，就相當於跑750公尺的運動量。最初鍛鍊可以跳慢一點，根據自己身體狀況掌握，跳一會兒休息一會兒，每次持續跳5分鐘。同學們可以在每日的早餐之前練習跳繩，然後再進食，食欲會更好，並使人的頭腦更為清醒，思維和記憶能力更強。

（3）踢毽子

踢毽子運動之所以能夠廣泛傳播，除與所用器材簡單、攜帶方便、所需場地小有著直接的關係外，更在於它還有許多的好處。

踢毽子這項運動看似簡單，但它的功能卻不容小覷，不但可以讓關節橫向擺動，帶動身體最遲鈍部位，還能使身心高度集中，踢毽子與其他運動相比，其獨到之處在於，它對調節我們的眼睛、大腦、神經系統和四肢的支配能力有著特殊的功能。它主要以下肢做盤、磕、拐、蹦、落等動作來完成，透過抬腿、跳躍、屈體、轉身等動作使腳、腿、腰、頸、眼等身體各部分得到鍛鍊，進而大大提高了各個關節的柔韌性和身體的靈活性。

踢毽子主要以腿部、腳部運動為主，進而帶動全身血液循

環，這對血糖的調節具有極為重要的作用。另外，對頸椎病、腰椎間盤突出、頭痛、眼睛不適、肩頸病和坐骨神經痛等慢性疾病也具有很好的緩解作用。

另外，長期做踢毽運動還能增強心肺功能，促進血液循環和新陳代謝。同時，踢毽子要求技術動作準確，使毽子在空中飛舞不能落地，每種動作須在瞬間完成，這樣會使我們的大腦高度集中，心神專一，進而排除雜念，使同學們在踢毽子時，感覺到身心舒暢，活力無限。

踢毽子也是一種藝術，什麼「過腿片馬」、「鴛鴦葫蘆」、「外磕還龍」，或上或下，若即若離，如被訓練的燕雀，似戀花之狂蝶，豐富多彩，令人目不暇接。踢毽子最具親和力的是「走毽」，大家圍在一起，同學們一腳我一腿，小小毽子在人群中上下飛舞，不但可以強身，還可以增進同學之間的友誼和感情，真可謂是一舉多得，其樂融融。

雖然「書山有路勤為徑，學海無涯苦作舟」，但如果你偶爾從書堆裡抬起頭，透透氣，舒展舒展筋骨，你會發現，外面蔚藍的天空一定會讓你一下子變得心曠神怡。

運動的主要好處有：

有氧運動或力量練習均可提高同學們對疼痛的承受力。

在固定自行車上進行消耗350千卡熱量的中等強度訓練，可立即降低你的身體內低密度脂蛋白質水準，同時增加高密度脂蛋白質水準，這種作用將持續24～48小時。

30～60分鐘的有氧運動可提高你抵禦病毒和傳染病的免疫力。

在進行高強度力量練習後的12小時內我們的新陳代謝率將會增強。

運動可激發同學們的創造力。

適度運動不會使你的胃口大開，而激烈運動則更會使飢餓感延遲15～30分鐘，因此不必擔心運動後胃口好使體重增加。

因此，在緊張的備考期間，同學們一定要安排一定的時間適當運動。雖然你是讀書的主人，但也應該是運動的主人！因為你不但是正在增長知識的時候，而且也是正在成長的時候。請相信，面對基測，智勇雙全的你一定會成為考場上的佼佼者！

第四章 心理攻略

當我們學會讓自己「寬心」，有效練習鼓勵
自己，就能保持樂觀。

——吳若權

I 如何獲得最佳的心理狀態

1、保持快樂心情的秘訣

（1）學習中的一個奇怪現象

同學們還記得在自己學習中的巔峰狀態嗎？那個時候，你的精神非常的充沛，注意力也完全集中在自己所關注的問題上，相關的知識點在腦海中不斷地自動湧現，各種解題技巧和思路不停地閃現，同學們都感覺自己的大腦像一台超級電腦在高速工作。

有時候你也會有情緒低落的時候，即使面對一些不算太難的問題也會讓你一籌莫展：知識結構混亂，完全沒有解題的思路，那些平常可以熟練運用的概念和技巧，總是難以自由應用。這樣，自己原本能答對的題目，考試中能得到的分數也與自己擦肩而過了。

雖然場合不同，但你仍然應該具備原來的能力和技巧，為什麼有的時候同學們能如此的高效、靈感四射，而有的時

候卻像個「小傻瓜」一樣呢？其實我們行為上的不同大多數情況下並不是你自身的能力出現了問題，而在於你當時的心理和生理狀態有所不同。快樂的心情可以使你的學習效果達到最佳的狀態，所以，在基測備戰的每一天裡，一定要讓自己保持快樂的心情，你就會發現，這樣的基測複習會使你充滿樂趣，效率也非常的高。

（2）獲得快樂的三部曲

當你知道了每天保持快樂的心情可以使自己的複習效率保持高效的時候，不用說，你一定會迫切的希望自己能夠每天都在快樂當中度過吧！那麼，應該怎樣做才能夠達到這樣的效果呢？

心理學的研究告訴我們，情緒不同，身體也會做出不同的姿勢。久而久之，大腦的神經元之間就在這種動作和情緒之間建立了聯繫。反過來，如果我們擺出特定的身體姿勢，就自然會找到那種特定的感覺。不要以為這種調節方法不適合你，因為全人類的神經系統都是一樣的。而你需要做的，就是按照下面我們所介紹的「快樂三部曲」的步驟去做就可

177

以了。如果你現在已經很快樂，就要讓這種快樂一直延續下去；如果你的心理充滿了壓力，怎麼也快樂不起來，也沒關係，相信自己，相信我們所教給你的方法，你不可能不快樂的，因為你本身很聰明，只是暫時還沒有認清自己的潛力而已。

下面，請你一起跟著我們走進快樂的天堂吧：

快樂第一部曲：瞭解自己在學習中達到巔峰狀態的外在條件與記憶體的因素，以及自己的行為和姿態等。你可以根據這些改變自己的表現情緒，當然，要改變自己的情緒還是得從改變自己的行為方式開始。現在你可以自由的想像一下自己很沮喪時的行為方式。比如，考試的時候，你的成績是倒數第一。回到家裡拿個鏡子照照自己時，是不是發現自己垂頭喪氣，面部表情也非常的僵硬？再感覺一下自己的呼吸，是不是淺而短促無力？反過來再想一想你開心的時候，又是什麼樣子呢？比如，學校舉行籃球比賽時，在你還沒上場之前，你的球隊一直被對方壓著打，但在關鍵的時刻，老師及時派你上場，而且你一上去就扭轉了整個球隊被動挨打的尷尬局面，尤其是你連續拿下幾個漂亮的三分球，將整場比賽推上了高潮。最終使你的球隊反敗為勝，整個球場頓時沸騰起來，同學們都歡呼著高喊

你的名字。這個時候你又是一種什麼樣的感覺？當你想起這些開心的事情時，你就會自覺的抬首挺胸，笑容滿面，沒有什麼難題可以難倒你的。

我們並不是教你躺在過去的歡樂時光中睡大覺，而是回憶起過去那些快樂的事，會使你更加珍惜今天。

好漢也可以提起當年「勇」，因為你有資格提起，但重提「當年勇」的目的是讓你更好的激勵自己，讓你知道自己並不比別人差，而且將這種快樂的姿態和心情保持下去。

快樂第二部曲：堅持自己的原則，不跟情緒較勁。我們這裡所說的堅持自己的原則是積極的原則，而不是消極的態度。當你覺得自己情緒非常低落的時候，這個時候你可以什麼事也不用做，但你應該知道，很多和你一樣要面臨基測的同學可能比你的情緒還要低落，而且在他們當中有很多的同學是比你優秀的。他們這個時候可能還會逼著自己複習功課，但實際上他們可能什麼也沒有記住，而只會增加更多的麻煩而已。但你就不一樣了，因為你堅持讓自己休息，不跟情緒較勁，漸漸的，那些「識趣」的壞情緒自然就會悄悄地走開了。當好的情緒漸漸回轉時，你也已經養足了精神，可謂精、氣、神俱佳，這個時候，你不用刻意的勉強讓自己

笑，因為你不想笑是很難受的，那就順其自然的笑吧！

　　快樂第三部曲：不與別的同學鬥氣，讓自己在競爭激烈的環境中「超然度外」。基測即將到來，很多同學由於在模擬考試中成績波動較大，加上父母的嘮叨、老師的偏見，難免情緒變得非常的消極，同學之間的關係也會變得非常的緊張，一旦稍有不順，無名火便起。面對這樣的同學，你應該盡量讓著他，就算他們「欺負」了你，只要沒有傷害到你的人格，你大可不必跟他們斤斤計較，因為國中生活真的剩不了幾天，再不好好珍惜的話，難道要讓自己留下無可挽回的遺憾嗎？

老師的話：

複習時一定要注意調整好自己的情緒，盡量讓自己每天都在快樂中不斷的進步，不斷的提高。不要去想結果會怎麼樣，因為基測備戰的這段時光會值得你懷念的。

2、擁有必勝的信心

　　信心是什麼？信心是你走上成功不可缺少的動力，只要有了信心，你的實力就會被發揮得淋漓盡致，甚至會超常的發揮出你的實力。

　　有的同學為什麼平時表現不錯，卻在關鍵的考場上屢屢戰敗？原因恐怕只有一個，那就是缺乏必勝的信心，想贏卻又怕輸，不免會在考場上患得患失，這樣一來，失敗就是正常的事了；而有的同學，雖然在求學的道路上一直坎坎坷坷，卻總是能夠在關鍵性的考試中有驚無險的應付過來，甚至有時候還能夠一鳴驚人。並不是這種同學天生就適合考試，也不是他的運氣有多好，而是他有了足夠的自信並且不怕失敗，這樣，當他走上考場的時候，他就活脫脫成了一個刀槍不入的金剛之身，糊裡糊塗的應付了一場又一場讓很多同學膽戰心驚的考試。

　　不知道同學們有沒有聽過美國總統林肯的故事，林肯在年輕的時候也曾經失業過，後來他自己著手創辦企業，在不到一年的時間又倒閉了，在接下來的十七年間，他不得不為償還企業倒閉所欠的債務而四處奔波，歷盡了挫折和苦難。當他走上政治生涯後，又是九次競選九次失敗，但他從未對自己喪失過信心，後來終於成功地入主白宮，並領導了偉大的南北戰爭。

　　林肯總統的故事告訴我們，所有的成功人士在成功之前都跟我們一樣，他們之所以成功，是因為他們有著對自身能力的強烈肯定以及對自己未來能夠走好人生之路充滿了信

心。

河裡的魚兒躍過龍門之後雖然還是魚，但跟那些沒有跳過龍門的魚兒是絕對不會一樣的，因為牠超越了自我，戰勝了自我，而且證明了自己的能力。

其實，魚躍龍門是非常簡單的事，很多魚兒之所以不敢縱身一躍，那是因為沒有自信，沒有足夠的勇氣，所以只能在水裡隨波逐流。

面臨基測，如果你還沒有足夠的信心，也沒有關係，因為信心也是需要培養出來的，也可以說是訓練出來。

或許你會說，基測馬上就要到了，現在才想培養信心已經來不及了。其實，你也不用擔心，培養信心跟時間的長短沒有太大的關係，只要你按照我們教給你的方法去做，就算明天就要走上考場而你仍然沒有什麼準備（當然，越早準備越好），你也能夠輕裝上陣。

那麼，如何讓自己充滿必勝的信心呢？

（1）讓笑容伴你度過備戰的每一天

在上一章的內容中，我們已經向同學們介紹了笑可以使我

們變得更加健康的秘訣。自信心使人充滿微笑，而微笑又使人更加充滿信心。所以，當你面對任何壓力的挑戰時，千萬不要吝嗇你臉上的笑容，當然了，笑容不是要裝出來的，而是要發自內心的。只有這樣的微笑，才能給予自己激勵，給對手震懾。

（2）走路時要抬頭挺胸

「坐如鐘，站如松，走如風。」這是形容一個人充滿自信的外在形象。不要小看這些外在的東西，因爲在你還沒有對一個人或者一件事物有深入的瞭解之前，唯一能夠吸引你的地方就是外在的形象。

打個比方，如果你是考場上的監考老師，有兩個人同時走進考場。一個是抬頭挺胸、步伐堅定有力地走進去；另一個是垂頭喪氣、無精打采的走進去。如果你的思維是正常的話，請問哪一個給你留下的印象比較好呢？答案當然不用我說。所以，從今天開始，請你也來個改頭換面的改造吧！

（3）和自己比才能讓你更快的進步

當你爸爸、媽媽總是拿你的成績跟那些比你優秀的同學比較時，你的第一個反應是什麼呢？「煩死人了」——這是

不是你的心裡話？我不得而知，但每當面對這些時，你的心情
應該不會好到哪裡去吧！

　　但有時候我們的心理思維往往就是這麼奇怪，明明是自己
反對、討厭的東西，卻偏偏要去想它。父母拿你跟那些比你優
秀的同學比較，你不樂意，謙父母太煩人，但你自己卻有意或
無意和別人攀比——和優秀的同學比，使你產生自卑；和成績
差的同學比，使你產生傲慢；和那些成績跟你一樣的同學相
比，使你覺得心安理得、不思進取。但你有沒有想過要和自己
比呢？

　　你應該知道的，山外青山樓外樓，就算你超越了你的同班
同學，超越了你全年級的學生，但其他學校的同學你又怎麼跟
他們比呢？再者，如果如此患得患失的話，你的心理波動就會
非常的大，只要自己曾經拿過第一，就不允許自己再拿第二，
這不是跟自己過不去是什麼呢？

　　收回和別人相比的目光吧！因為不管怎麼比，你永遠也比
不完的。只有和自己比才是最明智的選擇，也只有戰勝了自
己，超越了自己，你才是真正的高手。

（4）積極的自我暗示

　　自我暗示的力量是驚人的。在競技場上，當你與實力相當的對手相互對峙，而且久攻不下時，積極的自我暗示會使你堅持到底，而且會讓你抓住轉瞬即逝的機會，打敗對手。

　　同學們面對基測時也一樣，一定要讓積極的自我暗示發揮出它的作用，因為有它在，你離成功就不會遙遠。同學們可以用心理默念的方式來訓練積極的自我暗示，比如可以在心中對自己說：我有實力，也有能力，我一定會成功的。這些積極的語言暗示往往會讓你在考場上出奇致勝。

（5）先練習簡單的題目

　　難題是最容易使你的自信心受挫的，很多同學之所以面對考試而缺乏應有的自信，那是因為在他們的心裡，一直惦記著還有幾道難題仍然沒有解開，再想到如果考試時真的出了那幾道題，那麼自己可就慘了。

　　考試有難題，那是一定的，但不可能都是難題，退一萬步說，就算那幾道難題真的出現在試卷中，自己一分也沒拿下，還是會有很多基礎題的分數等你去拿的，但如果你心中老惦記著那幾道難題，那麼你就可能連應付那些簡單題目的精力也沒有，相信聰明的你一定會一點就通。

不要小看那些簡單的題目，因為愛因斯坦也是從最簡單的物理知識學起的。那些容易的題目不但可以讓你打下堅實的基礎，而且可以使你增強自信。

如果你缺乏自信，那就從那些簡單的題目開始做起吧！當你漸漸的進入狀態之後，那些所謂的難題說不定就會被你突然降臨的「靈感」給征服了。

（6）適量安排一天的複習任務

不知道同學們是否已經給自己制定了備戰基測的計畫，制定完計畫之後是否真的按照計畫去執行呢？如果你真的已經制定好了計畫，而且已經按照計畫去執行，那麼我們非常的恭喜你，先別管你的這份計畫是不是成熟的，身為國中生，能夠對自己的未來制定一個計畫（不管是短期還是長期），都是值得驕傲的。但我們仍然要提醒你，執行計畫才是關鍵，所以在你執行計畫的過程中，一定要經常反省，不斷地反省，發現有不對的地方或者遇到一些其他方面的變化，就要不斷的改正。

每天的複習計畫不要安排得太滿，要給自己留有喘氣的機會，也不要安排得太少，因為那樣的話會容易使你逐漸的鬆懈

下來。

（7）和自己信賴的人聊天

面對各種壓力，你的自信心難免會產生動搖，最好的辦法是透過聊天來釋放自己的壓力，但選擇聊天的對象，一定是自己親近和值得信賴的人，比如父母、好朋友、老師等，因為透過他們你一定會得到充分的鼓勵和支持，使你增強自信，放鬆身心。

特別要提醒的是，千萬不要透過上網聊天來排解壓力，因為網路的世界容易使同學們產生好奇的心理，再加上同學們的自制力大多不會太強，往往一坐在電腦前就聊上幾個小時，對複習功課沒有什麼好處。

（8）杜絕迷信

在備戰基測期間，遇到一些不順心的事情是難免，而有的同學卻將這些看做是不祥之兆，這應該是消極的自我暗示吧！它跟我們上面說的積極的自我暗示是截然相反的。

態度決定一切。當我們在上學的路上突然被雨淋濕時，

同學們的反應一定會不一樣的，有的同學可能會說：「唉呀！真是倒楣，今天怎麼這麼不順啊！」而有的同學則會高聲的唱起了「真心英雄」這首充滿激勵歌曲：「不經歷風雨，怎麼見彩虹，沒有人能隨隨便便成功……」

請問你是選擇前者還是後者呢？別忘了態度決定你的心情，你的心情決定你的複習效率，你的複習效率決定你的考試品質。

3、平常心——減壓的先決條件

什麼是平常心？泰山崩於前而面不改色，這就是平常心；面對「SARS」，該吃的時候吃，該睡的時候睡，這就是平常心；面臨基測，沒有失眠，每頓飯都能吃得很香，這更是一種平常心。想要給自己減壓，必須擁有一顆平常的心。

（1）做好減壓工作

對同學們來說，基測是你們人生中面對的第一次大挑戰，所以往往會感到巨大的壓力。這些壓力有的來自本身，有的來自父母，有的來自老師和同學。有的同學沒有壓力可能很難產

生動力，所以適當的壓力還是有好處的，但如果壓力過大時，就會影響到了你的情緒，使你的複習階段都是在不安當中度過，效果當然不會很好，這個時候減壓就是理所當然的事了。

面臨考試，不管你的學業成績是好還是壞，這個時候什麼都不想要，保持積極、樂觀的心態，你就會比那些整天胡思亂想的同學的勝算要大一些。

（2）飲食減壓法

有的食物可以直接產生減輕同學們的心理壓力的作用，比如草莓、洋蔥頭等富含維生素C的食品。另外，睡覺前也可以喝一杯牛奶，可以讓自己的心情平靜下來。

（3）休閒運動減壓法

勞逸結合永遠是減壓的必備條件，將腦力勞動與體力勞動有效地結合起來，可以使同學們達到快速減輕壓力、及時消除疲勞的作用。當你坐在書桌前有一節課的時間後，一定要起來活動一下筋骨，比如伸伸腰、踢踢腿等。平時在家裡的時候，也可以幫助父母做一些家務事，相信你的父母絕對

189

不會想把你培養成「茶來伸手，飯來張口」的「大少爺」的。
週末休息的時候，也不妨和父母一起出去走走。

（4）轉移減壓法

　　當你感到壓力非常的大，以致沒有心思放在書本上時，這
個時候，你可以找一些其他事情來做。比如整理一些資料，翻
翻相簿等，也可以參加各種戶外活動，或者乾脆跑到沒有人的
地方，用大喊的方式來宣洩壓抑的情緒（注意，不要擾民）。

（5）睡眠減壓法

　　充足的睡眠是讓同學們精力充沛、心情平靜的前提，尤其
是到了基測前幾天，一定要讓自己獲得充足的睡眠。

　　有的同學可能會問：如果睡不著怎麼辦？這是一個非常不
易回答的問題，因為每個同學的生理反應不太一樣，有些方法
適合他，但並不一定適合你，所以我們決定在下一節裡做一個
專門的介紹。

（6）過渡減壓法

　　從現在開始到基測這段時間，同學們可以慢慢減少每天的
複習任務，一點點地減少讀書時間。這樣就可以減少因為考試

的日益臨近而帶來的巨大壓力。

（7）寫日記法

寫日記最能體現出同學們內心最真實的活動，不管你在想什麼，都可以把這些東西寫進自己的小天地裡。比如你覺得壓力太大，不知如何是好時，也可以在日記中寫下來，只要寫出來了，你的壓力自然也會減輕不少。也可以在日記本上寫下一些激勵自己的話，比如「太陽每天都是新的」、「有志者事竟成」、「每天進步一點點，就能戰勝自我，超越自我」、「我是最棒的，我一定能夠成功」……

（8）合理安排讀書計畫

當自己感到疲勞時，如果你仍然「堅持到底」，複習的效率就會非常的低下，這樣一來，你的自信心難免會受到打擊，自信心一受到打擊，你的心理壓力就會越大。那麼，該怎麼辦呢？明智的做法是，給自己合理的安排讀書計畫，具體做法有以下兩點：

1.經專家研究發現，複習各科功課時，各學科的疲勞程度是有所不同的，其順序是數學最容易讓人疲勞，依次是英

語、物理、化學、國文。同時各學科的疲勞值也是因人而異的。因此，在基測複習中，同學們可以結合自己的實際情況，按先易——後難——再易的順序，穿插安排複習內容。

2.複習的時間安排也是需要講究的。在一週的複習當中，每天的複習狀態也會有所不同。一般而言，每週複習狀態的高峰期在週三和週四，以後就逐漸下降。所以從週五到下週二的複習任務不要安排得太多、太重，週末則應該多注意休息和一些運動。

2 如何應對考前的緊張與焦慮

1、備戰期間應保持適度緊張

（1）不緊張和太緊張都不利於基測複習

有的同學因為某個知識點沒有掌握好就顯得焦慮不安，甚至悲觀消沉，認為自己沒希望了。——這是過度緊張的表現。

有些同學明明知道自己還有一些知識沒有掌握好，卻總是自我安慰：也許這個知識點不會考到，即使考了也又是一兩分，沒有關係。——這是僥倖、鬆懈的表現。

基測是同學們人生當中面對的第一次重大考試，所以，對大多數的同學們來說，緊張、浮躁、擔憂等心理問題非常普遍。一旦壓力超過了自己的承受能力，往往會產生心理上的一些疾病，既影響到複習的效率，也影響到考試的品質。

也有部分的同學總是一點也不緊張，或者說沒什麼壓

力。不清楚基測的到來將意味著自己已經走到了一個十字路口，也不知道自己即將走完九年義務教育這段人生的初級教育，更不明白這是自己人生中的一件大事。所以，對基測就抱著無所謂的態度，進而在基測複習時沒有什麼計畫，也沒有明確的目標，複習的效率當然就會非常差。

所以，面對基測的時候，不緊張和太緊張都不利於基測備戰，最好能夠讓自己保持在有點緊張而又不太緊張的這個狀態之中，這就是儒家所說的「中庸之道」。

（2）讓自己保持適度緊張的竅門

在前面我們已經向同學們介紹了消除緊張的方法，接下來我們將和同學們一起分享怎樣調適自己，讓自己保持適度緊張的兩點「竅門」。

1.確定自己的目標，並為實現目標而努力。從你走進學校的那一天開始，到現在整整九年了，但你有沒有想過自己這些年來的寒窗生涯是為了什麼呢？

可能你會說，自己已經記不清為什麼要上學，只是那個時候其它的孩子都在上學，你也跟著一塊，懵懵懂懂背著書包走進教室裡。但你可能不知道，你肩上背著的不僅僅是書包，而

是你父母的希望。當然，我們並不是說，你上學的目的是為了實現父母的期望，父母雖然也有他們的願望，但那只是他們的主觀願望而已，你不一定要按照他們給你計畫的路線去走，但你應該有自己的目標。因為，到現在這個時候，你已經不再是為父母而讀書了，也不再是為老師而讀書，而是在為你自己而讀書。

你終究要離開父母，終究要離開老師，終究要走上社會，但你的理想是什麼呢？你打算怎樣走好自己今後的人生之路呢？所有的一切你是否好好的想過？除了基測之外，在你今後的人生道路上還有很多的考場，你又該如何應對？

從現在開始，給自己制定一個目標吧！不一定有多遠大，讓自己盡力去實現就好了，就算你的目標無法實現，你也應該心懷感恩，感恩給予你熱情的這個目標，感恩每天和你一起努力的同學，感恩每天站在講臺上講課的老師，感恩默默照顧你的父母。

2.勞逸結合，有張有弛。「兩耳不聞窗外事，一心唯讀聖賢書。」，「萬般皆下品，唯有讀書高。」這些都是古代文人的一些觀點，對於新時代的我們來說，這種觀點顯然過於偏頗。因為我們畢竟生活在社會上，所以不但要「讀聖賢

書」，而且還要「聞窗外事」。在緊張的複習之餘，抽出一點時間讓自己放鬆一下是必要的。

同學們是否知道有一個著名的公式？「8-1>8」，意思是如果你從8個小時的讀書中拿出1小時來運動、娛樂或休息的話，儘管你只學了7小時，效率卻遠勝於你學滿8小時。

在緊張的備考階段，要克服心理壓力，適量的運動能產生很好的調節作用。當然，我們這裡所說的適量是指那些對抗性不強的運動，例如，在複習間隔可以跳跳繩，打打乒乓球等等。此外，也可以出去散散步、聽聽音樂、晚上看看新聞，都有助於調適情緒、緩解壓力，至少比整天坐在書桌前要強多了。這樣，既可以保證自己能夠緊張起來，還可以讓自己適當的放鬆。

2、全面分析考試焦慮症

（1）焦慮的症狀有哪些

同學們可以先自我進行檢視一下，在基測備戰期間，你是否會出現以下這些「不正常」的現象？

1.精神總是無法集中，複習功課的時候無法全身心地投

入。睡眠比較差，經常做噩夢。

2.只要一翻開書本就覺得噁心、嘔吐，但經過醫生檢查，卻什麼病也沒有。

3.別人都認為自己成績好，考上高中沒問題。可是自己卻感到快要崩潰了，覺得自己很可能會考砸。

4.總是不自覺地想到，要是考試沒考好，以後的前途就完了，自己的父母一定會受不了，自己的前途也就完了。

5.總是擔心自己對考試的準備不充足。

如果你出現了上面的情況，那麼你可能得了考試焦慮症，這是因為考試壓力太大引起的一種心理障礙。這種狀態會影響到你的思維廣度、深度和靈活度，降低你的注意力、記憶力，使複習的效果和考試的品質大大的降低，嚴重者甚至無法參加考試。

（2）消除焦慮的五種方法

1.及時發現自己的不良情緒

同學們可以仔細觀察自己在複習期間的表現。如果自己出現了臉部肌肉緊張感、食欲減退的現象，通常意味著你的

大腦已經出現了消極的想法，對即將來臨的基測已經漸漸地產生了擔憂的念頭。這時，你可以在一張紙上把這些擔憂的想法逐條記下，以便清楚地瞭解自己當前有哪些消極的自我暗示。

2.與那些不良情緒和平共處

只要我們能夠及時發現不良情緒的存在，你就不用再害怕了，因為這些不良的情緒往往是躲在暗處，在你毫無察覺的情況下干擾你的。只要你發現了它們的存在，並承認它們的存在，它們就拿你沒辦法。所以，同學們大可不必處處隄防這些不良的情緒，承認它的存在並與它和平共處，應該是最好的辦法吧！

3.以一顆平常心對待複習和基測

到了國中的時候，家裡的人可能會以一種不同以往的眼光來看待你，就像對待國寶一樣來把你列為重點的照顧對象，這就會在無形中給你增加了許多的壓力。所以，同學們不妨暫時拋棄自己是國中學生的身分，平時怎麼讀書，現在還保持原來的狀態，不要刻意給自己加壓。

4.學會放鬆

放鬆並不等於鬆懈，而是將全身的力量集中凝聚於一點上，使其爆發出驚人的力量。如果你的精神非常的緊張，全身的肌肉都僵硬的話，你身體的這部位就不會聽從你的指揮，而且往往會造成內傷，這是你不得不注意的。我們教給你的放鬆訓練方法是：以舒服的姿勢坐好，保持身體兩邊的平衡；用鼻子深深地、慢慢地吸氣，再用嘴巴慢慢地吐出來；想像身體各部位在逐漸的放鬆。放鬆的順序是：腳、雙腿、背部、頸，最後是手心。

只要你每天抽出一點點的時間來練習，一定會收到神奇的功效。

5.系統脫敏療法

把那些使你焦慮的情境按照刺激的強度由弱到強排成隊。比如：臨近考試複習時的情境→考試前一天的情境→準備進入考場前的情境→進入考場作答前的情境→開始作答時的情境等等。利用想像進行脫敏訓練從最輕的情境開始，盡可能詳細、逼真地想像情境中的具體細節、環境和自己的內心體驗，當你感到有焦慮反應時，就用上面的第四點（學會放鬆）的方法進行放鬆，直到焦慮消除。再進行下一個情境的訓練，依此類推，直到想像到最後的情境時不再感到緊張

為止。

3、如何保證充足的睡眠

人體內的各組織器官都處於不斷的生理活動過程中，一方面消耗大量的營養物質，另一方面也累積了大量的代謝廢物，這些廢物如乳酸等，當這些廢物累積到一定程度時，我們就會感到疲勞，這是人體神經系統對體內代謝廢物累積所做出的保護性反應，此時如果我們不停下來休息，就會使人體生理功能受到傷害，神經系統調節也會失靈，人體的抵抗力也會有所下降。

要使大腦得到休息，保證充足的睡眠是毋庸置疑的，所以，對同學們來說，調整睡眠就變得至關重要了。目前，有不少同學在考試準備階段，為了要實現自己過高的目標，或者面對各式各樣的壓力，不得不以犧牲自己的休息時間來對一些知識點進行死記硬背。這種方法看起來是比較聰明的，也是比較用功的，但效果往往是最差的，有些知識雖然當時你覺得自己已經記住了，可是到了考場上卻怎麼也想不起來了，這恰恰是由於睡眠不足所導致的原因。

有的同學因為考前焦慮而導致夜間無法入睡，這時同學們

最好先放下心理包袱。上床以後要排除一切雜念，不要對即將面對的基測思慮過多，不要回顧當天的複習情況，也不要因為睡不著而感到急躁，一般情況下，同學們可採用以下三種方法誘導自己入睡。

（1）默念放鬆入睡法

　　熄燈後，仰臥著躺在床上，用鼻子深深的吸一口氣，然後再用嘴巴緩緩地往外呼氣。在第二次吸氣時，應默念數字「1」，呼氣時要在心中默默地對自己說：「放鬆。」與此同時，想像在你的面前有一塊黑板，你在黑板上寫了「1」和「放鬆」這幾個字。在下一次吸氣時，再默念數字「2」，呼氣時默默地對自己說：「放鬆。」依此往下訓練，一直默念到數字「20」，每次深呼吸時，都像聽到了並看到了那些數字和「放鬆」這兩個字。這樣做的目的是要反覆地用一些不至於引起自己情緒激動的語詞和景象來佔據自己的思想。如果自己的思想能夠保持在持續地聽和看這一系列的單調語詞，那麼，考試的焦慮和緊張思緒就不容易擠進你的大腦中。在這一過程，有時可能會出現離題亂想的情況，這時，一定要堅持按照原來的步驟繼續做下去。這樣，你的思想一定會進入一種放鬆的境地，於是，睡眠就會來臨。需要提醒

的是，用這個方法來催眠，不可急躁，也不可急於求成。

（2）想像放鬆入睡法

上床熄燈後，躺下仰臥，先做3～5次地深呼吸，然後想像在黑暗中有一個不太亮的白點，並集中注意力，讓自己來控制這一想像中的白點進行緩慢的圓周運動，當運動至50次時，再換成緩慢地勾畫五角星軌道運動50次。如果這時候，你仍然感到心情改變不大，則重複上述意念運動程序數次，然後再進行兩次深呼吸。每進行一次深呼吸時，就對自己進行一次暗示：「我已經睡著了。」這樣就可以產生良好地誘導入睡的效果。這個方法的原理和第一個方法的原理是一致的。如果條件允許，平時和考試期間都應養成午睡的習慣。午睡通常小睡半個小時左右就足夠了，不要睡太久，這樣做既能達到使大腦休息的目的，也防止因為白天睡得過多而晚上毫無睡意的現象發生。

（3）無為放鬆入睡法

熄燈躺到床上之後，不必刻意入睡，讓自己處於無意識的狀態。首先，告訴自己，打疲勞戰得不償失，睡眠是必須的；不要過分關注自己是否入睡，可以想一些輕鬆的事情；告訴自

己一定會成功的，根本不用焦急。其次，想像自己如漂在水面上，告訴自己我現在很舒服，很快就可以入睡了，有了良性的心理暗示之後，情緒就會放鬆，入睡也就容易了。

同學們可以根據自己的情況選擇可行的方法，要淡泊而自信，有進有退，基測是一條曲折的道路，卻是一條通往理想的道路。

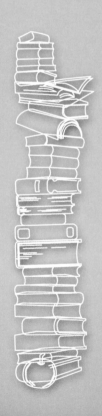

第五章 考場攻略

準備要越充分、越周密，等到正式開始付出努力時，就可以體會到事前充分準備的效果。

——吳若權

I 如何做好考前的幾大準備

1、準備好考試所需的物品

經過了一段時間的備戰，不管是輕鬆也好，辛苦也好，都即將告一段落了。如今，基測的考場就在眼前，你準備好了嗎？我相信，你已經準備好了，那就充滿自信的走上去吧！不要回頭。

雖然我們一直提倡輕裝上陣，但該帶的東西還是要的，就像即將衝鋒陷陣的士兵一樣，雖然那些鋼盔、鐵甲大可不必帶上戰場，但最起碼的一些裝備是必須要配帶齊全的。那麼，當你趕赴考場的時候，應該帶些什麼東西呢？下面是我們為同學們列出的一系列清單，同學們可以把這些東西放到一個專門的包包裡，等到考試當天出門的時候，千萬不要忘了再檢查一下所帶的物品是否齊全。

（1）准考證、身分證、照片

　　准考證是進入考場的憑證，出發當天，務必仔細檢查，確認攜帶。如果發生意外，准考證遺失了，必須趕快到各區事務的辦公室，憑身分證及一張兩吋相片申請補辦。

（2）帶上自己平時使用習慣的文具

　　有的同學可能是因為興奮過度，也可能是為了記住這幾天有意義的日子，所以會專門為基測準備了一套全新的文具。雖然，同學們的這種心情可以理解，但我們還是要給你提出一些客觀的建議，平時用習慣了的文具往往是比較順手的，如果考試當天換一套全新的文具，你可能會因為沒有摸清它們的「脾氣」而無法掌握它們的性能，因此非常容易產生急躁的心理，對考場上的發揮是沒有什麼好處的。

　　鉛筆不要削得太尖、太細，而應相對粗些，最好把鉛筆尖削磨成馬蹄狀或者直接把鉛筆削成方形，這樣，一個答案點最多只塗兩筆就可以塗好了，既快又標準。不管用原子筆還是鋼筆，都應該準備兩支以上。

（3）橡皮擦

　　最好使用2B專用的橡皮擦，這樣擦答案卡時就會擦得比較乾淨。如果你用一塊很髒的橡皮擦，可能會越擦越髒，影

響你的速度不說，如果影響到考試心情，那真的是划不來了。
另外，如果你帶了修正液的話，要記住答案卡上是不能使用修
正液的。

（4）手錶

　　手錶是必帶的考試用品之一。因為在每科科目考試前，你
要規劃好作答的時間，在考試時可用手錶來調整自己的答題速
度。

　　進入考場後，可將手錶放在桌角不起眼的地方，一方面可
以使自己的手腕更輕鬆的移動；另一方面也使自己不必過分的
關注時間，因為過分的關注時間可能會引起你的緊張感，影響
到臨場發揮。

（5）直尺

　　在做選擇題的時候，可用一把尺遮住答案卡，另一把尺子
蓋在題目卷上，這樣可以避免自己因跳題而填錯答案卡。

（6）各科複習重點資料及筆記

　　如果你平時不努力用功，不注意讀書方法，臨時抱佛腳當
然沒有什麼功效。當然了，碰碰運氣還是可以的，但千萬不要

對此抱有太多的希望。

　　對於平時一直在努力的同學來說，臨陣磨槍還是有些必要的，這樣可以幫助你更快的進入狀態，就當是進入考場前的熱身吧！

（7）手帕及衛生紙

　　目前基測都安排在夏天進行，所以天氣會比較熱，而所有考場都不能開冷氣，考試時出汗是難免的了。雖然在考試當中出汗並不代表你緊張，但汗珠有可能就滴到試卷上，這樣就會影響試卷的整潔度，而手心出汗也會影響到你握筆的靈活性。所以手帕及衛生紙是一定要帶的。

（8）零錢、電話卡

　　零錢當然不用我們說了，就算是平常上課時，同學們的口袋裡應該都會有一些備用的零錢，但考試的當天由於所帶的物品比較多，往往會因此而忘掉，這是應該注意的。至於為什麼要帶零錢，原因當然有很多，比如由於比較興奮或緊張，早上起來的時候往往覺得肚子已經很飽了，所以沒有吃飯（或者只吃一點點）就匆匆的趕往考場，但到了考場，卻發現自己有點餓了，這時候你口袋裡的零錢就可以派上用場

了。另外，如果出現什麼意外的話，也可以用這些零錢（電話卡）打公用電話，和父母與老師盡快取得聯繫。

（9）簡易藥品

一些簡易的藥品，比如防蚊液、綠油精、祛暑藥等藥品也應該隨身攜帶，就算自己用不上，也可以用來幫助一些需要幫助的考生。使自己的心情更愉快，進而更有利於考場上的發揮。

（10）水或其他自己喜歡的飲料

不管你做什麼事，口乾舌燥的時候，不可能發揮出自己的正常水準。所以考試當天一定不要忘了帶一瓶水或一些自己喜歡的飲料。雖然你帶了之後可能用不上，但如果你需要的時候卻沒有，那才是最糟糕的。這點道理相信聰明的你一定會明白的。

另外，只要是監考老師允許的話，可以帶一些能幫助自己消除不安感、增強自信的一些道具。當然，不要帶太多的物品，也不要讓這些物品成為你的累贅。

考試當天穿的衣服，最好以簡單、輕鬆、穿起來有自信為

原則，也可以穿平常的衣服。最好不要穿那些剛買回來一次也沒有穿過的衣服，因爲這些衣服可能穿著不合身或者還不習慣，反而影響到考試時的心情。

「兵馬未動，糧草先行」是古代軍隊打仗的一種重要戰術，也是確保戰爭獲勝的重要保證。所以在趕赴基測前，請同學們一定要準備好一切考試所必需的物品。

2、調整好自己的生理時鐘

有些同學喜歡在夜間用功複習，夜深人靜的時候往往會產生很多的靈感，這是很多人都有的經驗。尤其是作家創作的時候，夜晚的寧靜往往會讓他的思維更加敏捷，文思更加流暢。但身爲學生，我們的很多課業都是在白天完成的，況且眼前即將面臨的基測也是在白天舉行的，如果你在晚上熬夜用功的話，那麼你必須在白天擁有足夠的休息時間，但就目前的情況來說，你仍然不具備這樣的條件，因爲你白天還得到學校上課。就算考前的幾天學校已經放假，你可以在白天進行休息，但是到了基測那幾天，你仍然還是要在白天到考場去參加考試。而考試的時候，難道你還要說，昨晚自己熬夜複習，所以必須在考場上好好的休息？

211

所以為了使自己在考場上擁有充沛精力，請同學們在考前的一段時間將自己的生理時鐘調整到白天，逐步改變作息時間，以適應基測考試時間的安排。

　　調整作息時間的工作，應該從考前兩週就開始了。同學們最好堅持在晚上十點鐘左右上床睡覺，早晨六點準時起床。開始的幾天你可能怎麼也睡不著，這是正常的，關鍵是你必須堅持下去，而且第二天早晨六點時，鬧鈴一響就一定要起床。不管晚上你有沒有睡好，這個時候一定不要賴在床上，堅持按時起床，然後到附近的公園或街道上跑跑步，可以一邊跑一邊背英語單字。這樣，用不了幾天的時間，你就會慢慢養成早睡早起的習慣了。

　　考前一週的作息時間應盡量與基測的時間一致。上午什麼時候起床、複習，中午休息多久時間以及晚上什麼時候睡覺都要形成規律。

　　對於每科科目的複習時間也應該跟基測時一樣。比如國文、英語在上午考，就要安排在上午複習國文和英語。這樣，當你走上考場的時候，就會一下子適應這種與自己複習同步的考試，對試卷上的試題也就不會感到陌生了。而且大腦的興奮點也會和你所考的科目同步，使你在考場上發揮出了自己真正

的實力。

3、臨考前的身體準備

為了避免基測期間生病或出現身體不適的現象，除了平時加強運動外，在考前的一段時間內同學們一定要合理的安排好生活和作息時間，並注意個人的衛生（包括營養補充的適當與合理）。保持身體皮膚的清潔，有利於提高人體的抵抗力，所以最好養成勤洗澡的良好習慣，尤其是在洗澡的同時洗頭。這不僅可以降溫解乏，還使人感到頭腦特別清醒。

首先，在飲食上，一定不能亂吃東西。考試專家已經替我們總結出了一條應考的飲食規則，這條準則就是：「涼茶慎飲，湯水溫涼，西瓜少吃、荔枝不沾，樣樣適量，搭配多樣。」此外，由於同學們長時間高強度的讀書，免疫力難免有所下降，為了避免夏季常見的發燒感冒，同學們可透過服用維生素C或綜合維生素，增加維生素攝取量，以增強抵抗力。比如，紅蘿蔔＋玉米＋豬骨（湯），就是很好的營養搭配，當然了，也不能光喝湯，最主要的還是要吃主食。

其次，睡覺時室內溫度一定要適中。冷氣溫度不要調得太低，以免著涼感冒而影響考試。

再次，由於夏天天氣非常悶熱，很容易出現發燒感冒，所以一定要注意多休息和放鬆訓練。如果在考試當天感冒或者發燒，但病情不是很嚴重，就不必急於上大醫院，通常情況下，服用一些診所醫生所開的退燒藥和感冒藥控制病情即可。有的同學怕病情加重影響接下來的考試，馬上到醫院打點滴，這麼一折騰就根本沒有時間好好的休息了，而且也會引起自己的焦躁心理。當然，如果是遇到急性盲腸炎、膽囊炎、骨折等急發的病情，應及早告訴父母與老師，讓老師與學校共同採取應急措施。

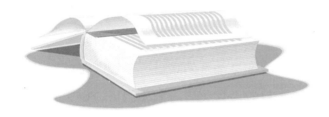

2 基測期間的飲食安排

1、三餐安排的總原則

　　基測期間，正值夏季，在氣候炎熱的環境下，出汗多，不但損耗大量體液，還消耗體內各種營養物質，尤其是無機鹽類，如不及時補充，會發生體液失調，代謝紊亂。

　　天熱影響脾胃，減少胃液分泌，降低了消化能力，加上睡眠不足，損耗津液，進而大大地減弱了食欲。

　　因此，在飲食上應以清補、健脾、袪暑化濕爲原則，這樣就可以補充機體的消耗，提高基測的考試效率。

2、早餐應具備的營養

　　上午的考試往往需要更多的腦力活動，所以早餐應該豐富些、不需要吃得太飽，但早餐的品質一定要高。我們建議早餐應該有主食，而且應該吃富含蛋白質的食物，乾稀飯搭配、主副食兼顧。下面的三餐食譜可供同學們參考：

早餐食譜：一杯豆漿或一小碗粥、一個白煮蛋或茶葉蛋，外加一片白麵包和少許小菜。

　　早餐要在考前一個半小時進食，最好在半小時內吃完。如果孩子平時不喝豆漿或粥，那麼最好不要喝，因為那樣有可能會引起腸胃不適，影響考試。

　　豆漿和粥要喝溫熱的，且不要在裡面加糖等甜的調味料，否則容易引起腹脹等不適症狀。

　　有的同學喜歡早上起來喝一杯咖啡，這是不可取的，因為咖啡易引起頻尿。也可以在早餐的時候喝一杯鮮榨的果汁，但也不宜放糖，建議早上不要吃水果。

　　不要吃油炸的和奶油蛋糕一類的食品。早餐不能吃得過鹹，如果吃粥搭配一點榨菜、醬豆腐是可以的，但也要適度。有些同學喜歡早上吃肉類的食物，比如炸豬排、香腸等，這也是不利於考試的，建議以清淡食物為主。

老師的話：

有的同學因為各種原因而不吃早餐，如果經常這樣的話，不但對身體不好，也不利於上午的考試。同學們應該知道，考

試時用腦的強度非常之大，如果空腹參加考試的話，考試中途的飢餓感勢必會導致頭腦反應遲鈍，對應試沒什麼好處，甚至會因為用腦過度而導致供血量過少的現象。

如果是離考場比較遠的考生，一定要注意搭車前不要吃太多的東西。

早餐也不要吃不易消化的食物，如糯米、粽子等。

3、午餐應具備的份量

經過一上午的「衝殺」，同學們體內的熱量和各種營養素消耗都會非常大，所以午餐應該攝取充足的熱量和各種營養素，而且一定要吃飽，以便為下午的考試做好準備。下面我們將給同學們介紹一些比較適合的食譜：

午餐食譜：

主食：饅頭、白菜豬肉包子、紅豆包、玉米麵、豆麵、白麵發糕、軟米飯、麵條等。

炒菜：炒豬肝、蝦皮燒油菜、肉絲炒芹菜、肉片柿子椒、白菜燒豆腐、肉燒萵筍、炒洋白菜、肉片燒豆角、炒胡蘿蔔絲、拌綠豆芽、酸辣白菜、肉末炒雞蛋、白菜炒海帶

等。

湯品：排骨冬瓜湯、蝦皮白菜湯、骨頭白菜湯、紫菜湯
等。

粥類：小米粥、大米粥、玉米粉粥、綠豆粥、蓮子粥、山
楂粥、絲瓜粥等。

老師的話：

午餐的菜不能太油，吃飯之前可以先喝一點湯，有利開胃，
比如先喝一點雞湯、排骨湯等。

不要喝太多的碳酸飲料，因為這些飲料會導致肚子發脹。

儘管天氣很熱，也不要喝太多冷飲，以免造成胃腸消化吸收
功能紊亂。

很多同學下午都感覺比較睏，所以午餐可以安排在12點左
右，吃完以後可以小睡一會，但睡覺的時間最好控制在半個
小時左右。

選擇午餐地點應注意的事項：

如果考場離家近的話，回家吃午餐是比較好的。但如果家離
考場比較遠不能回家吃的話，應盡量選一些通風比較好的地

方吃飯。

不要在人聲嘈雜的餐廳用餐。因為嘈雜的環境容易讓自己心情浮躁，無法休息而且飲食衛生也沒有保證。

4、晚餐應注意的事項

有的同學睡得比較早，晚餐可以少吃點，如果你習慣晚睡的話，就可以多吃點，但也不能吃太多。晚餐也盡量不要吃油膩不易消化的食物，因為這樣會導致消化不良，影響第二天的考試。

晚餐食譜：蝦米冬瓜、清蒸小排骨、紅燒豆腐、涼拌馬鈴薯絲、米飯或饅頭。

晚餐吃多少與休息時間有關，即使是較晚睡，也不該吃過多的食物，尤其是不應該吃油膩不易消化的食物，以免導致消化不良，影響考試。以半葷半素為宜，晚餐不要吃太多富含纖維素的蔬菜，例如大白菜葉、芥蘭、芹菜等，因為這些食物易引起胃腸紊亂。

晚餐也不宜吃得過飽，睡前一小時內就不要再吃任何東西了。如果餓了，可以吃幾塊餅乾充飢，但絕對不能多吃。

219

睡前最好洗個澡，喝一杯牛奶或一小碗稠小米粥。這樣有利於睡眠，並能提高睡眠品質。

老師的話：

夏天是各種消化道疾病的好發期，所以基測這兩天要特別注意飲食衛生。

比如生吃瓜果，要先用開水燙過或消毒；做涼拌菜時，調味料中應放一些醋和蒜泥，這樣既可殺菌又能增進食欲。

3 考試期間可能遇到的意外及對策

1、准考證遺失或忘了帶怎麼辦？

考前若不慎遺失准考證，或忘了攜帶准考證，可親自拿身分證或健保卡等證明文件，以及兩吋照片一張，至各考區事務辦公室申請補發即可。

2、趕考時遇塞車怎麼辦？

考試前最好先去看一下考場，計算一下從自己的家到考場所需的時間，但在去考場的路上仍會有意外情況發生，比如遇到了很嚴重的交通堵塞。這時，可以搭乘計程車前往，如果市區塞得太厲害，確實沒有別的路可走，可以請求路人用自行車帶你到考場，也可以請交警幫忙。如果因趕考而交通違規，可以出示准考證求得交警的諒解。

所以，考試當天最好盡量提前從家裡出發，以預防路上

突發的情況，而且，這樣也可以在忘記帶考試必需品的情況下，能夠有充足的時間進行處理。

3、考試時期突然生病怎麼辦？

　　臨考時生病，應該說是一件比較麻煩的事。如果你真的那麼「不幸」碰到這種事，也沒有必要給予自己消極的暗示，所謂好事多磨，能堅持下來就不應該放棄。這時候你也可以請監考老師幫忙，到醫務室緊急處理，爭取回來繼續考試，但考試的時間不會延長。由於入學考試和有關專業的加試都不允許補考，遇到這種情況如能夠堅持，應盡最大努力參加。當然，如果是大病的話，還是要顧及身體，待日後再捲土重來。

4、考場上突然中暑怎麼辦？

　　基測期間的天氣通常會比較熱，所以在這段期間，同學們一定要注意防暑降溫，多吃一些清熱解暑的食物，如苦瓜、冬瓜、綠豆等等。

　　考試期間，應該隨身攜帶防暑降溫的必備藥品，如綠油精等。若有頭昏腦脹、胸悶嘔吐等讓身體感覺不適的情況發生，

可將這些藥物塗在太陽穴上以緩解症狀。

　　如果採取了這些措施之後仍感覺很不舒服的話，應該及時向考場醫護人員求助。

5、考場噪音太大時怎麼辦？

　　有些同學總喜歡在考完試後抱怨說，監考老師的腳步聲、周圍同學翻試卷聲和嘆氣聲，以及考場外發出的某種聲音太嘈雜，以致干擾了他們的答題思路。其實，噪音的存在並不是考得不好的主要原因，如果你專注於考試，你根本就沒有什麼心思去理會周圍的噪音，相反，如果你越是注意噪音，越是千方百計讓它遠離自己，你就越是感到不安。因此，克服噪音干擾的最好方法就是忽略它的存在，不去跟它較勁，你就能夠在鬧中取靜，全心投入考試中。

6、考試時間不夠時怎麼辦？

　　考場上最容易引起同學們慌亂的情形，莫過於考試時間所剩不多而自己仍然還有許多題沒答完。大多數同學們此時

通常都會心急如焚，恨不得將一分鐘當成一個小時來用，常常是正在做這道題卻想著那一道題，而做那道題時又惦記著這道題，結果哪道題也沒做好。其實，當這種不利的情況出現時，同學們這個時候最應該做的，就是一定要有個合理的目標和決策。所謂合理的目標是指在保證正確率的前提下，能做多少算多少；倘若這個時候你的目標仍然過高而不合理（企圖全部做完，而且全部做對），反而連最低的目標（做對一部分）也實現不了。考場如戰場，需要你對時間有一個統籌的安排。

7、考試期間老出神怎麼辦？

很多同學在考試時，都知道要一心一意地作答，也知道時間的緊迫，可是就是「神不守舍」，一些與試題無關的念頭總是控制不住頻繁出現，以致答題的品質大大降低。那麼，怎樣才能做到考試的時候不出神呢？最根本的辦法就是克服焦慮，驅除緊張。所以，同學們必須在考試前做好應試的心理準備，根據自己的實際能力來確定目標。如果還不行的話，可以給自己規定一個專門出神的時間，大約一分鐘左右。然後告訴自己只能在這個規定的一分鐘之內出神，其他時間絕對不可以。

8、忘了帶考試用品時怎麼辦？

考試用品是必須要帶齊的東西，如果沒有特殊情況的話，同學們通常都不可能犯這種錯誤。但如果真的出現這種情況，你應該如何應對呢？比如，鋼筆沒墨水或圓珠筆書寫不暢，又缺少備用文具，這時你不應該離開座位，而應該請求監考老師幫助。

9、考試過程中內急怎麼辦？

有的同學經常患有「考場頻尿症」，這種現象大大的影響了答題思路的連貫性。其實，這種情況通常都與情緒緊張有關，也與平時沒有養成良好習慣有關。

應考的策略，策一步是要將心態放鬆；第二步是在最後幾天做模擬考卷時，訓練自己能夠將注意力集中持續到2小時以上。

那麼，如何預防和克服考試過程中內急的現象呢？首先在考試前的晚上應保證自己能睡個好覺，並早一點到達考場，確保考試前有充足的時間做好準備工作。進考場前無論

是否有便意，最好都提前去一趟洗手間。考試時可以適當地變換坐姿，使自己全身放鬆。在考試的過程中，如有考生提前交卷時不必慌張，因為提前交卷的學生不外乎兩種考生。一是試卷上的題目沒有多少是自己能夠答得上來的，實在無法在考場上待下去了，所以只能提前交卷；另外一種是過分的自信，寫完之後，連檢查都懶得檢查。顯然，這兩種考生當中，不論是哪一種，都不值得你去學習的。

4 考試中的心理應對

1、如何緩解緊張情緒

　　過度的緊張情緒會影響到同學們在考場上的發揮，這是我們在前面多次提到過的，下面我們將向同學們具體介紹如何從心理上緩解緊張情緒的一些方法。

　　首先，進行正面的自我暗示。暗示語要具體、簡短和肯定。如「我早就準備好了，就等這一天，我喜歡考試，喜歡和別人比個高低」、「我今天精神很好，頭腦清醒，思維敏捷，一定會考出好成績」等。透過這樣的聽覺管道、言語管道，回應給大腦皮層的相應區域，形成一個多管道強化的興奮中心，可以很好的產生抑制緊張情緒的作用。

　　其次，要提前半個小時左右到達考場。到達考場後，可以在校園裡走走，以適應一下考試的環境和氛圍，以防陌生感在關鍵時刻打擾你的考試情緒。也避免過於匆忙而加劇緊張感，進入考場後，要先找到自己的位置坐下，最好不要去

想考試的事情，可以想一些輕鬆、愉快的往事。

再次，考前可做幾次深呼吸，放鬆全身的肌肉，並反覆的告訴自己，也就是心理暗示，我已複習得很好了，我可以，我不可能緊張，我會放鬆的等等，積極的暗示自己，消除緊張心理。

作答時應該從第一題開始依次進行，遇到一時無法答出來的題目則應果斷的跳過去，以便用最短的時間把自己會做的題目的分數全部拿下，避免不必要的失分，然後集中精力去解決其他難題，對那些暫時忘記而無法作答的題目，也要暫時放一旁，等你答完其他題目，心情平靜下來以後，或者很快就會想起來了。

如果在作答中出現緊張情緒，可暫停作答，閉上眼睛，做幾次深呼吸，使全身放鬆，幾分鐘後情況就可以緩解，這個時候再接著作答效果一定會很好。

進入基測的考場時，有些緊張是很自然的，畢竟這次考試與其他考試的意義不同，這是國中三年來最為關鍵的考試。通常來說，所有的考生都會或多或少的有些緊張，所以不要為自己的緊張而深感不安，因為有的同學可能比你還要緊張。而最為緊張時的常常是第一節考試，接下來的考試就不會那麼緊張

了。所幸第一節考的是國文，考的都是平時的累積，只要同學們將注意力集中在作答上，自然能夠很容易答對一些題目，緊張就會慢慢的減輕或消失了。等到作答完畢，交了考卷之後就可以深深的鬆一口氣了，這時不管感覺考得怎樣，都不要去想，因為想得再多也沒有什麼用處。所以要讓自己的全身放鬆下來，以應付下一節的考試。

一些鎮定的藥物最好還是不要吃，因為鎮定劑會使大腦皮層廣泛抑制，使人有嗜睡感，而基測的時候，正是需要我們的大腦保持興奮狀態的時候，所以還是不要依賴藥物，以免影響考試狀態。

2、如何克服怯場心理

怯場也叫暈場，一些同學在考試中，由於過度緊張而出現面紅耳赤、心慌、出汗等現象，導致記憶和思維出現抑制。

在發生怯場或恐懼時，人的控制能力就會減弱。有時候你越想讓自己鎮定，心跳的速度就越加快，手抖得越厲害，記憶越空白，有些考生每逢考試，就覺得自己胃痛、肚子痛或頭痛等，這都是由於心理過度緊張引起的。

為了預防怯場，首先要對自己有信心。如果你越相信自己的能力和記憶，你的能力就會讓你解決一些平常可能會難倒你的難題，你的記憶也會讓你記住一些平常很難記住的東西。其實，考場上作答時，一時想不起來答案是正常的現象，並不是你沒記好，而是由於緊張過度和對自己沒有自信造成的。

　　每次考完試，不要急於對答案，以免影響下一節考試的情緒。如果老師或父母問起考試的情況，可以婉言避開。

　　考試的時候，千萬不要害怕題目多。標準化考試的一大特點就是題多、題大、題雜（各種形式都有）。但只要你做一個答題時間表，合理分配時間，並按計畫作答，一定會提前將題目做完的。

　　遇到難題時，如果你對自己的實力很有自信，難題應該是不難的，因為命題者不可能出一個所有的考生都答不出來的題目。就算你對自己能否答對沒有太大的把握，也可以給自己這樣的暗示，比如可以對自己說：「題難，我不會，別人也一樣不會」、「這道題沒答好，可以努力把別的題目答對，只要把別的分數都拿下，同樣能考取高分」、「就算無法全部答對，能答對一半也不錯，這樣也可以多加一點分數」等。這樣想，你就不會出現怯場的心理了。

3、一科考砸後怎樣控制情緒

　　一些同學往往在應考的時候，有一種錯誤的觀念，認為考砸了一兩科就等於全砸了。實際上，在每次考試中，幾乎人人都至少認為自己有一兩科考得不太理想。更何況你認為考砸了的這一兩科，可能是因為太難，也可能是你自己低估了自己的實力，並沒有真正的考砸。退一萬步來說，就算是真的考砸了，也沒有必要因此而灰心喪氣，因為你絕對可以在後面的考試中把考砸的這一科補過來，但如果你因為心理負擔過重而沒有將後面的科目考好，那可就真的砸了。所以，請同學們一定要記住，在考試成績還沒有公佈之前，不管你認為自己考得如何，都只是猜測，千萬不要讓這種猜測亂了你的陣腳。

5 答題時應注意的事項

1、答題時可能遇到的問題及對策

(1) 做簡單題目時要注意的事項

在做簡單的題目時，同學們更應該格外小心，因為這是必拿的分數，如果丟掉是十分可惜的。一些比較簡單的題目，往往會讓同學們掉以輕心，其實，一些看似簡單的題目，有的同學做到一半就再也做不下去了，為什麼呢？因為這些同學有可能掉入了命題者苦心設計的「小陷阱」裡了，一看到好像很熟的題目，往往不加思索順手就匆匆作答，等做到一半才發現原來這道題目並沒有自己想像的那麼簡單，再反回來重新做，好不容易做完之後，才發現自己花在這道題目上的時間已經大大的超出自己的計畫。

所以，在考試中碰到簡單的題目時，一定不要喜出望外，而是要讓自己冷靜下來，要知道，在基測的考場上，沒有絕對

容易的題目，只有認眞對待，你才能有機會取得高分。

（2）碰到熟悉的題目自己卻想不出來的對策

在考場上經常碰到這樣的事情，有時會出現某些熟悉的題目，但相關的知識和概念或解題方法卻怎麼也想不起來。這時，你千萬不要急著將題目解出來，不妨先將這道題放一旁。如果你非要將這道題解出來而後快的話，那可眞是犯了兵家之大忌了。因爲這道題你雖然很熟悉，但如果在上面「消磨」的時間太多的話，一定會讓你對自己的信心產生動搖，對後面的答題無益。所以，不如先不要去想它，等到其他的題目做完之後再回來集中精力思考，因爲這時候你已經放下了心理包袱，所以可能一下子就能夠想起來該怎麼解答了。如果仍然想不起來的話，可以採取下面的這些方法。

一是聯想一下老師教這個知識點和類似的題目時的具體情景，也可聯想與這道題和這個知識點相關的知識，透過這種辦法來尋找回憶的線索。

二是利用試卷中其他題目的相關資訊來幫助回憶。

特別需要提醒的是，遇到這樣的情況，很多同學的做法難免有些固執，以致耽誤了過多的時間，影響到後面的答題

品質。所以，請同學們還是應該服從答題的時間規劃，保證答題的速率，相信自己只是暫時想不起來而已，等到自己的大腦一旦活動開來應該是不難解決的。

（3）碰到沒有一點思路的難題的對策

考試時碰到難題是不可避免的，碰到一兩道難題也是很正常的事，所以沒必要過分緊張。同學們可以透過自己鼓勵自己的方法讓緊張的心情放鬆下來，比如可以對自己說：「這道題目雖然有點難，但以我的實力應該能夠答對。」、「終於碰到難題了，這才叫考試，但只要我好好思考，應該能夠解出來。」「這道題有點難，先放下吧！將別的題目做完後再說。」

讓自己平靜下來之後，馬上跳過這道難題，接著做後面的題目。等把自己會做的基礎題都做完以後，再回來看這道題目。這個時候，你應該已經看出一點眉目了，心理狀態也已經漸漸的穩定下來，這時再看那道難題時，也許就會覺得沒有那麼難了。

當然了，如果這道題目自己真的沒見過，而且想了半天之後還是一點思路也沒有，那就果斷地捨棄吧！這樣你可以用剩餘的時間去思考其他沒把握的題目或者檢查整份試卷。

有一點請同學們要注意的是：在基測的時候，許多同學往往因為審題不清而找不到思路，所以建議大家遇到難題時，在答題之前不妨將題目仔細的讀幾遍，有些關鍵字甚至應該用筆劃出，透過這種方式往往更容易找到題目的切入點，這樣就可以把這道難題給解決了。

（4）做到一半被難倒的對策

在同學們作答的時候，可能會遇到這種情況：有些題目剛開始做時覺得還挺順手，但做到一半時，卻無法再往下做了。

當你遇到這種情況時，還是不要讓自己緊張，因為一旦緊張，就會亂了方寸，就真的再也做不下去了。這時，最好的辦法是要讓自己心態保持放鬆，因為在關鍵的步驟中一定也難倒了不少的考生。這時候，你應考的策略和招術就應該派上用場了，別的考生可能還在那裡苦苦的思索著解題的辦法，如果你能夠果斷的先放下這道題目，一定會有很多的時間去完成別的題目。

（5）數學、物理和化學最後一道題的對策

有些同學往往會有這種想法：數學、物理和化學這三科

的最後一道題一定非常難，這些題目一定是爲那些「天才」的學生出的，既然自己不是「天才」，不如趁早放棄，免得白費力氣。

　　基測試卷的命題原則是既要考考生的水準，又要合理拉開分數的差距。所以試卷的最後那道題目相對來說通常都比較難，這應該是實際的情況。但不管你的實際水準怎麼樣，還是應該把這道題目仔細地看一下，要相信只要自己調動一切可以調動的知識和解題方法再加上自己的聰明才智一定能把這道題目解出來。

　　在基測時，沒有絕對容易的題目，也沒有絕對的難題，因爲太容易或太難的題目都會失去考試的意義。所以，不管碰到什麼樣的題目，都不要輕易的放棄，因爲最後的一分或兩分往往能夠決定自己這次基測的成敗。

2、如何合理分配答題時間

　　只要是考試一定都會有時間的限制，尤其是基測，對時間的限制更是十分的嚴格。有的同學關心最多的往往不是題目的難易問題，而是時間夠不夠的問題。有時候自己還有一大堆的

題目還沒有做完，考試結束的鈴聲卻已經響起了，只能無奈的看著自己會做的那些題目白白的丟分，真是遺憾之極。

其實，要避免這種遺憾的發生還是有一些方法的，只要同學們在考試之前合理的安排好答題的時間和計畫，應該是可以順利的將試卷完成的。下面的這些方法，同學們不妨參考一下，相信會對你有所幫助：

(1) 以去年的試卷做為分配時間的樣版

在考試前，每一科考試所需要的時間相信大家都是十分清楚的。而且像基測這樣的重大考試，它的試卷題型有著很大的繼承性，也就是說安排做練習題時完全可以拿去年的基測試卷作為標準。如果基測命題進行新的改革，老師也一定會在第一時間將這些消息告訴同學們的。

平時做的基測模擬考試也是在題型、題量等各方面盡量和基測保持一致。所以在平時的練習中，同學們就可以給自己制定合理的答題時間，做一個合理的「答題時間」計畫書，在類比考試中進行試驗，並不斷地進行改進。

需要注意的是，雖然各科基測的實際命題題數和題型只有到了考試當天拿到考卷之後才會知道，但是制定作答時間

的規劃絕對是要在考前進行是。因為一進入考場，緊張的心情往往會讓你無法思索時間分配的問題，同時考試開始後，也沒有時間讓你慢慢的對答題時間進行規劃。

（2）如何進行考試時間的分配

首先要分析各種題型對自己的難易程度，以及自己做各種題型時的熟練程度和所花費時間，然後就可以進行時間分配了。當然，同學們分配的是考試的總時間，大題、難題通常要分配更多的時間，而自己非常擅長做的題目就要相對少分配一些時間，但也要認真對待。因為考試的時間是固定的，所以你不妨把時間精確到在幾點幾分應該做到哪一道題或者哪一類型的題目。

在分配時間時，要預留5到10分鐘的機動時間，這樣可以預防一些意外情況的發生，也可以為檢查試卷留下一些時間。

這個時間表只是一個總體上的規劃，在真正考試的時候要根據具體的答題情況做些細微的調整。比如在做某一道題目時，感覺自己暫時很難做出來了，便跳了過去。這樣你就得把整個時間表上的任務都往前調。所以，如果做後面某道題目的時間和你所規劃的時間相同的話，就說明你做題的速度有點慢了，應該提醒自己加快答題的速度了。相反，如果做某道題目

的時間比規劃的時間提前了很多，那說明你答題的速度有點快，可以適當放慢一下。

（3）考試過程中如何看手錶

把手錶帶上考場的目的絕對不是讓你每做完一道題就看一次時間。因為這樣一來，往往會讓自己變得越來越緊張，手錶上的時間不會因為你答題的速度慢而停下來，如果這個時候有一道題目自己遲遲沒有解答出來，而又聽到手錶的指針在不急不徐的往前走，那麼一定會讓自己更加的緊張。

所以你在答題的時候，一定要達到這種境界，就是既要全心投入做每一道題目，又要對所有題目的完成時間有個宏觀的把握。當然，這種境界是需要磨練出來的，只有平時在考模擬考時加強訓練，才能有此境界。所以，看錶的時間應該在自己感到有些累而且想休息的時候。

（4）答完題後的剩餘時間應該做什麼

將試卷上的試題都做完之後，如果你還有一些剩餘的時間，應該怎樣對其進行安排呢？要知道，最後短短的幾分鐘往往能夠決定你的勝敗。所以，在考試結束的鈴聲還沒有響起之前，一定要把握住這短短的幾分鐘時間，而且，不同的考試科目所安排的剩餘時間也有所不同，這也是你應該把握

的：

1.在考國文、英語、社會這些科目時，可以把自己所剩下的時間用到尚未解答的難題中，也可以用來檢查作文中的一些錯別字。

2.在考數學、自然這些科目時，對於那些還沒有解答的題目，可以先選一個自己認為最接近的答案，然後再檢查自己已經作答的題目，這樣做應該是你最為明智的選擇。

3、答題時容易出現的錯誤

(1) 審錯題

審題有兩大要點，一是審題意，搞清楚問題內容是什麼，二是審解答要求，即要搞清楚答題的要求是什麼。前者通常不會出現什麼太大的問題，因為有些題目自己會還是不會，自己的心裡最清楚。問題往往發生在後者，由於急於答題，而忽視了答題的要求，結果沒能按要求解答，最後的答案往往是張冠李戴。由於這種情況而失分實在是不值得的。所以，同學們在做每道題目之前，應該先審好題，平常更應該注意和熟悉試卷的專用術語。這樣才不會糊裡糊塗的把本應該拿到的分數丟掉。

（2）入「陷阱」

一些同學在遇到解不開的題目時，不能暫時放棄，而是死盯住不放這就是考試中的入「陷阱」現象。結果往往會因為某道只佔一、兩分的題目而耽誤了不少時間，最後使原本能答好的那些重要題目也沒能答好。

現在的基測，通常的難題也會放在試題的中間，所以當你做到一半正好碰上這些難題時，應該果斷的跳過去。況且這些題目所佔的分數通常不會太高，就算到最後沒能做完也沒關係，把該拿的分全部拿下才是最重要的。

（3）漏看題目

現在的試卷張數通常都比較多，為了方便考生計算及思考，題目與題目之間通常會留下較大的空格。有些同學看到考卷的空白區域，往往會認為考試題目到此為止，而沒有注意後面還有題目，常常造成因漏看而少做了題目。最好的解決方法是，當你拿到一份考卷後，最好迅速的從頭到尾快速掃瞄一次，確定題數，以確保將能夠全部做完。

（4）填錯答案卡

有的同學天性謹慎，先將答案寫在試卷上，最後才填入

241

答案卡中。但有時因時間的緊迫和交卷前忙亂，往往因為填錯了一格，造成了後面的答案也會跟著全盤皆錯的現象。為了避免發生填錯答案卡的事情，最好還是採取做一道題目填一道答案卡的方式比較保險一些。

在填答案卡前，最好先對一下題號。如果遇到沒有把握的題目就先跳過去，並在答案卡題號處用2B鉛筆輕輕畫一個小點，提醒自己注意這一道題目還沒有填寫答案，以免下一題填錯答案格。等到最後把所有的題目都做完之後，再將題號處的記號用橡皮擦掉。注意在交卷的時候，答案卡上不要留下任何與答案無關的記號。

（5）提早或逾時作答

這是一個對考場紀律是否遵守的問題，如果每個同學都遵守考場紀律的話，這種錯誤是不會發生的，但有的同學可能抱著僥倖的心理，貪圖一時的便宜，最後往往會被扣分，實在是得不償失。應該要記住，試卷發下來鈴未響前是不允許作答的。

還有一點就是當考試結束的鈴聲響起，監考老師叫停的時候，即使還剩下一些你會做的題目，這時候也必須要停下來了。因為如果你繼續做的話，你可能會多得一兩分，但你可能

會被扣掉幾十分。孰好孰壞，相信聰明的你應該能夠明白。

（6）違反考試秩序及有舞弊嫌疑情事

考場的秩序是每個同學都必須遵守的，從這些應考的細節中，不但可以看出你的個人素質與道德水準到底有多高，也可以看出你的實力和水準到底怎麼樣。真正聰明的同學通常都會把自己的智慧用在讀書上，所以在考場上他可能會很「笨」，監考老師叫他往東，他絕對不會往西。而那些喜歡耍小聰明的同學，雖然覺得自己非常的聰明，而且處處在別人面前顯示出自己的「智慧」，但卻往往在考場上露出馬腳，不是面對試卷抓耳撓腮，就是在做弊的時候被監考老師當場抓住，真是聰明反被聰明誤啊！

（7）在答案卷上標示出與答案無關的文字或符號

有的同學喜歡「畫蛇添足」，在答案卷上寫著「閱卷老師，您辛苦了！」這類的話，以為這樣做就可以將自己與閱卷者拉近關係。殊不知卻弄巧成拙，因為在考卷上或答案卡上顯示出自己的身分，或加上與答案無關的文字或符號，都將被扣分！所以千萬不要自作聰明，在考卷上寫一些毫不相干的東西！

考試不僅僅要考你的實力，同時也要考你的細心與耐

力。所以，當你走進考場之前，千萬要提醒自己，不能犯上述的這些錯誤，只有這樣，才能有機會將該拿的分數全部拿下。

4、考場中做好與答題相關的其他事情

在趕赴考場的時候，最好能夠提前半個小時到達考場，然後按照監考老師的要求，出示准考證並按順序進考場。這個時候，要心平氣和，排除一切的雜念。

通常情況下，監考老師會在考前將答案卡和試卷發到考生的桌上，拿到試卷和答案卡後，也應該核對答案卡和試卷與准考證號碼是否相符。如果發現任何問題的話，應及時報告監考老師並要求更換。

在答題過程中，要注意保存好答案卡，不要弄髒、弄破或者折角。當你把答案卡塗完之後，最好把它背面朝上地放在桌子的上角，以避免反覆摩擦，造成閱卷機誤判，進而影響到你的成績。

如果不小心把答案卡弄濕，而且面積很大的話，這時要告訴監考老師，經老師鑑定後在閱卷時會作特殊的處理，所以不會影響到你的成績，你大可以安心的繼續作答。

6 答題的技巧

1、如何應對基測試卷中的題目

（1）不會的題目如何選擇答案

對於選擇題，如果自己會做的，當然是好事，但如果遇到自己沒把握的或者基本上沒什麼思路的題目又該怎麼辦呢？這時，一些技巧就可以派上用場了，有的同學當然也有自己的方法，比如轉鉛筆、抓鬮等，但這種方法的命中率可以說沒有一點任何的保障。下面我們向大家介紹的這個殺手鐧是經過許多的考試高手錘鍊出來的招術，同學們不妨一試。

首先，讓我們先來分析一下命題者在安排答案順序時的心理：如果答案是（A）的話，當考生看出是（A）時就不會再看其他的選項了，那麼其他的選項出得再巧妙也沒有太大的作用。有些考生很聰明，從最後一個答案開始選擇，所以也不能讓他們這麼快就找到正確的答案。所以就乾脆把正

確的答案放在（B）項或（C）項上。而根據我們對近幾年來一些基測試卷的分析，正確答案安排在（C）項的機率最高，而（A）項為正確答案的最少。

但各個選項之間的出現機率相差都不是很大，我們說的選（C）項的多也只是相對來說而已。所以我們並不是要大家一定去選（C），而不去選（A），因為命題者也可能知道自己出題的這個特點，所以往往會突發奇招，讓那些習慣猜題的同學也摸不著頭緒。

（2）塗答題卡的時間及注意事項

同學們可以一邊在試卷上圈自己要選的答案，最後再統一塗到答題卡上，當然也可以一邊答題，一邊把答案塗到答題卡上。至於採用哪種方式比較好，則應該根據自己平時考試的習慣。

做練習題時遇到自己暫時不會的題目，可以先跳過去，但一定不要忘記在那道題的題號邊上做個醒目的記號，這樣在答完所有題目後，就可以很快的找到自己還沒做的題目。

塗卡時要注意以下幾點：一是要把修改的答案用橡皮擦擦乾淨；二是塗卡時不能太輕，也不能太重，否則會影響閱卷機

對答案的識別，其實在空格中用鉛筆來回塗三、四下就可以了。

（3）閱讀理解題的答題技巧

在國文和英語考試中有一種選擇題，它是命題老師的最愛，同時又是很多同學比較頭痛的題目。這種類型的題目就是我們所說的閱讀理解題。

其實，這種題型可以很好地評估同學們的閱讀及理解能力，是一類比較好的題型。但是對於這種慢工出細活的長題慢答型的題目，尤其是在緊張的考試中也的確很傷腦筋。但是做這類題目還是有一定方法的。

1.如何閱讀文章的內容

閱讀題中的文章可能長達五百個字，但是真正與下面題目有關的內容，可能僅有其中的百分之二十左右，也就是一百個字而已。所以如果你能夠先找到這一百個關鍵字，就可以大幅縮短閱讀時間，也可以更有針對性的選出正確答案。

找到文章中最關鍵的內容後，首先是看看題目中問的是什麼，有哪些關鍵字或關鍵句等，讓這些問題在大腦中有個

247

大致的印象後，再回頭看文章的關鍵部分。

在閱讀文章時，一定要像自己平時做練習題一樣，千萬不要緊張，可以一邊看文章一邊把題目的問題和這篇文章的中心思想結合起來。而與題目相關的重要關鍵字或關鍵句，可以用筆把它們都圈起來。在閱讀時遇到反覆出現的人名、地名、物名時，應該用不同的符號標出來。

如果文章很長，可以每讀完一段，就把這段的中心意思用幾個字寫下來。這樣就不會導致讀完了後一段又忘了前一段的的現象發生。

當你讀過一遍後，這篇文章就成了你的「作品」了。然後再反覆閱讀自己所標注的內容，就不難掌握全文的中心，並為答題做好準備。

英文文章有個特點：每一段的第一句話或者最後一句話通常都是這一段落的中心意思，而文章的第一段最後一段也與全文的中心思想關係最大。所以在閱讀時，同學們可以集中精力看一遍各段的第一句話和最後一句話，還有這篇文章的第一段和最後一段。這樣就可以很容易的把握住這篇文章的中心意思了，而且可以為正確選擇答案提供一個宏觀的指導。

2.閱讀中遇到不會的生字怎麼辦？

在看文章的時候，尤其是英語的文章，往往會遇到一些生字。這時不必過於緊張，因爲閱讀題考的是你對整篇文章的理解力，而不是在考你的辭彙量。

那麼，遇到生字時應該怎麼處理呢？碰到不認識的單字或辭彙，可以把它圈起來，直接跳過去看下文。即使不懂得那個單字或辭彙的意思，也可以根據上下文來理解全文的意思。

如果有些生字反覆出現，給人的感覺是這個字對於整篇文章非常關鍵，那又怎麼辦呢？這時也不要緊張，你可以先把這些生詞都圈起來，給它們隨便取個名字，比如可以先用A、B來代替，然後用這個名字來建構整篇文章和一些重點句子的意思。

當然，如果你根據上下文，猜到這個詞可能是什麼意思的話。那就更好了，把你猜的這個意思放到文章裡，辨別一下是否正確，如果不正確的話，再進行改進，這都可以幫你更好地理解整篇文章的中心思想。

2、寫作文的技巧

作文要拿高分，必須要靠實力，也要靠技巧。只要培養實力，訓練技巧，作文的分數也可以讓你輕鬆的收入囊中。

（1）寫作文時應注意事項

1.字跡要工整，試卷要保持乾淨。雖然基測考的是你的學問，而不是書法，但如果你寫的字讓閱卷老師看了吃力，那麼他也不會太認真的看你的內容。在動筆之前最好先構思一下，盡量減少在試卷上修改，當然在需要修改的地方還是要果斷地修改的，但千萬不要把試卷弄得太髒。

2.減少錯別字。試卷上有錯別字會給閱卷老師留下不好的印象，所以在寫作文的過程中，如果自己沒有把握寫對的字最好不要寫，可以用同義字詞取代。

3.要注意答案卷上的說明，把作文寫在規定的位置上。

3、如何寫好作文

（1）如何從整體上把握作文的寫作

很多同學一看到作文題目，就眉頭緊鎖，一個問題也很自

然就湧上心頭：究竟寫什麼好呢？寫什麼，就是作文的題材問題。

不知道同學們都做過菜沒有，菜要煮得好吃，一定要有鮮美的食材和高超的廚藝。同樣，作文要寫出高分，也是需要生動的題材、流暢的文字和紮實的文章架構。這三方面合力才能打造出一篇上乘之作。因為，好的題材自然引人入勝，但如果文筆不高明，就很難淋漓盡致地表達同學們的思想；而如果文筆流暢，但文章結構混亂，這樣的作品讀起來也是讓人一頭霧水。

儘管要寫出一篇精美的作文是要靠平時的多讀、多練，但是在考試的時候，不可能給我們太多的時間，所以想要寫出一篇可以拿高分的作文，同學們要注意以下幾點：

1.動筆前，精選作文題材。

2.下筆後，注意語句的流暢、優美。

3.架構作文時，要緊湊、完整。

4.注意離考試結束還剩餘的時間。

5.注意書寫整潔、標點符號運用要正確。

（2）尋找最能打動閱卷老師的題材

我們以作文題目「偶像」爲例，分析一下什麼樣的題材閱卷老師最喜歡，最能得到高分。

可能有很多同學會寫自己的父親，但是如果千篇一律都是寫「我的父親」，那麼，類似的題材通常是不容易得高分的。

有的同學別出心裁，寫卡通主角加菲貓或者電影中的蝙蝠俠，或許可以「出奇」，但不一定能「致勝」。因爲加菲貓或蝙蝠俠等成爲偶像的理由太牽強，閱卷老師會覺得你這篇作文寫得很勉強。

所以作文要拿高分，題材的新穎性及獨特性是相當重要的，這樣自己的作文考卷在幾萬人中突顯出來，拿高分的可能性就大了很多。同時，在你求新的時候，不要忘了文章的邏輯性，太「稀奇古怪」的文章往往也很難得到閱卷老師的青睞。

（3）作文選材的錯誤觀念和對策

根據很多閱卷老師的反應，對於下面這三類作文即使文筆流暢、詞句優美，他們通常也不會給高分的：

1.胡亂編造一個故事，整個事件欠缺合理性和邏輯性。

2.作文內容平淡無奇，像杯白開水，從文章裡看不出考生的智慧。

3.和作文要求寫的內容關係不大，有「離題」的重大嫌疑。

對策：當你準備寫作文題時，先不要急著動筆。可以在草稿紙上構思一下，根據題目的要求想出幾個備選的故事題材，再由閱卷老師的角度選出最可能獲得高分的那個。

然後大致寫出各段的大綱以及每一段準備寫的內容。此外，還要做好段與段之間的「起承轉合」。因爲完整的結構與緊湊的內容，會大大提高作文的水準，進而給你帶來高分！

（4）作文語句五忌

有些同學作文中的句子讓閱卷老師看後哭笑不得，這可能是很多同學的通病。所以要獲得較高的作文分數，下面的幾點是你一定有注意的：

1.不要編出老掉牙及容易與別人雷同的故事。

2.不要以小說體或網路語言和口語寫考試作文。

3.不要犯邏輯上的錯誤。

4.不要寫出自己也不懂的話。

5.不要過分誇大描述。

總之，在同學們的基測作文中，不要發明太多不尋常的語句，或放入一些稀奇古怪的想法。因為，這樣往往會弄巧成拙，我們應該知道，出奇不一定就能夠致勝。

國家圖書館出版品預行編目資料

基測必勝秘笈──國中生考場應對全攻略/陳光總主編.
第一版──臺北市：紅蕃薯文化出版；
紅螞蟻圖書發行, 2008.1
面；　公分. ──（資優學園；1）

ISBN 978-986-83862-1-1（平裝）

1.學習方法 2.考試指南 3.中等教育 4.升學考試
521.16　　　　　　　　　　　　　　　96023031

資優學園 1

基測必勝秘笈──國中生考場應對全攻略

總　主　編 / 陳　光
美術構成 / 魏淑萍
校　　　對 / 周英嬌、呂靜如、朱惠倩
發　行　人 / 賴秀珍
榮譽總監 / 張錦基
總　編　輯 / 何南輝
出　　　版 / 紅蕃薯文化出版有限公司
發　　　行 / 紅螞蟻圖書有限公司
地　　　址 / 台北市內湖區舊宗路二段121巷28號4F
網　　　站 / www.e-redant.com
郵撥帳號 / 1604621-1　紅螞蟻圖書有限公司
電　　　話 / (02)2795-3656（代表號）
傳　　　真 / (02)2795-4100
港澳總經銷 / 和平圖書有限公司
地　　　址 / 香港柴灣嘉業街12號百樂門大廈17F
電　　　話 / (852)2804-6687
新馬總經銷 / 諾文文化事業私人有限公司
新加坡 / TEL：(65)6462-6141　FAX：(65)6469-4043
馬來西亞 / TEL：(603)9179-6333　FAX：(603)9179-6060
法律顧問 / 許晏賓律師
印刷廠 / 鴻運彩色印刷有限公司
出版日期 / 2008年1月　第一版第一刷

定價250元　港幣83元

ISBN 978-986-83862-1-1　　　　　　　**Printed in Taiwan**